プロカウンセラーの

聞く技術 話す技術

マルコ社

はじめに

話を聞くこと、話すこと。それ自体は難しいことではありません。誰もがとくに意識することなく日常的に行っています。

でも、「思っていることをきちんと相手に伝えられない……」

「相談に乗っているつもりなのに、なぜか相手が不機嫌になっていく……」

「子どもが素直に悩みを打ち明けてくれない……」

「部下が会社を辞めたいと言って来たけれど、どうしたら引き止められるのか……」

など、人間関係におけるトラブルの大半は、会話が原因となっているのではないでしょうか？

人間関係を円滑に進めるためには、ただ一方的に話し、聞くのではなく、きちんと会話をすることが肝心なのです。そして、相手の本音を引き出したり、自分の意思がきちんと伝わるような会話術を手にするためには、コツやテクニックも要求されます。ときにはトレーニングをすることも必要です。

しかし、多くの方は聞き方や話し方を学ぶ機会が乏しく、上達させるチャンスもあまりありません。自己流で通す人がほとんどです。議論することを好まず、相手の意図や気持ちをできるだけ察することを重視してきた、日本文化の弊害なのかもしれません。

その結果、会話にまつわる悩みを抱えた人が非常に多くなっています。例えばビジネスでの悩みを尋ねたアンケート調査の結果を見てみると、悩みのほとんどがコミュニケーションに関することで占められていました。とくに「思っていることがうまく伝えられない」や、「人と話すことに苦手意識がある。人見知りしてしまう」、「交渉・営業に自信がない」といった回答をする人が多くいたのです。そのほか、プレゼンテーションのスキル不足を嘆く声もありました。話を上手く聞けない、自分の意志を上手に話せないと、社会生活を送る上で、問題となることが多いのです。

言葉遣いや聞く態度などが原因で、思わぬトラブルに巻き込まれてしまった経験を持つ人もいるでしょう。実際にビジネスの現場では、「最近の若者は口の聞き方がなってない」とか「あいつは何を考えているのかよくわからない」といった年長者の不満の声をよく耳にします。話し方や言葉遣いなどを直接注意されたことがある人もいると思います。

言い方や聞く態度がトラブルの直接の原因ではなかったとしても、事前にきちんとコミュニケーションが取れていれば、問題にならなかったケースや怒りがすぐに沈静化するような場合がほとんどなのです。

そこで本書では、話の正しい聞き方や話し方を学ぶため、話を聞くことのプロフェッショナルであるカウンセラーの方々に取材を行いました。そして、会話の極意を伝授していただきました。

どんな人が聞き下手なのか？　どのような心構えで話を聞けばいいのか？　話を聞くときに絶対にやってはいけない注意点とは何なのか？　どうすれば相手の本音を引き出せるのか？　など、話し方のコツや聞き方の基本を掲載しています。

またときには具体的な事例を交えながら、解説しています。プロのカウンセラーの方々が実際に使っているテクニックを中心に掲載していますが、誰でも日常生活に取り入れることができるような簡単なテクニックばかりを選んで掲載しています。考え方や心構えをちょっと変えるだけの目から鱗の技術や、さらに聞き上手・話し上手になるための上級テクニックまであります。

きっと、ビジネスの現場はもちろんのこと、ご家庭や知人との会話の中など様々な相手やシチュエーションで生かしていくことができると思います。この一冊があれば、初対面の相手との会話も、気難しい相手との会話も問題ありません。読み終える頃には会話の技術が向上したと実感してもらえると自負しています。

会話やコミュニケーションで思わぬ失敗をしてしまわないよう、ぜひ本書をご活用ください。

Contents
聞く技術　話す技術

Lesson 02

Contents

聞く技術　話す技術

Lesson 03

Lesson 04

Lesson 05

Contents
聞く技術　話す技術

Lesson 06

Lesson 01

聞くのが下手なのは
こんな人。
聞き下手の特徴とは？

極意
1

沈黙に耐えられない人は、話を聞くのが下手である

まずは話を上手く聞くことができない人に共通する特徴をあげてみることにしましょう。真っ先に思い浮かぶのが、「沈黙に耐えられない人」です。相手がしゃべっているのに途中で口を挟んでしまったり、少しでも**沈黙が続くと、その間に耐え切れず自分から話を進めてしまうような人は、話を聞くのが下手**だと言えます。相手の会話のスピードとあわなかったり、自分の番が来るまで待てない人です。そんな人は、話を〝上手く聞く〟以前に、そもそも**〝聞く〟というコミュニケーションが成立していない**と言えます。

そのようなコミュニケーションが起こりがちなのが、親子の関係においてです。例えば、子どもが学校から帰ってくると、親は子どもから「今日は学校で何かあった?」な

ごと、1日の出来事を聞き出そうとします。すると、子どもはその日あった印象的なことを一生懸命、話してくれます。でも、多くの子どもは、自分の気持ちや身に降り掛かった出来事をわかりやすく整理して、他人に話すのが苦手です。気持ちばかりがはやってしまい、状況が相手に伝わらなかったり、あるいは、自分が見たことばかりを話して、客観的な説明が欠き、その場に居合わせなかった人には理解できないような話し方になってしまいます。親も家事などで忙しいですから、支離滅裂な話を聞いているうちに、次第にイライラしてきて、**「何を言ってるの？　ちゃんとしゃべりなさい！」などと、子どもを叱ってしまう**ことがあります。せっかくお互いが会話をしようとしているのに、なぜか会話が上手くいかないのです。

それでも一生懸命、話してくれる子どももいますが、多くはすねてしまい『言ってもわかってくれない……』などと不満を募らせるようになってしまいます。

これは親子の関係に限ったことではありません。**会話のスピードやリズムは人それぞれ**です。そのことを理解せずに、相手と会話のリズムがあわないだけでイライラしたり、沈黙に耐えられないような人には、相談事は持ち込まれないのです。

極意
2

いつの間にか尋問口調。二度と相談されない人の聞き方

後輩や部下がいて立場上、相談を持ちかけられることがあるけれど、プライベートになると、急に誰からも相談されないといった人がいます。あるいは、相談はされるけれど、いつも一度きりで、その後はパッタリと頼られなくなるような人です。二度目の相談がないのは、的確なアドバイスをしたからだと、思っていませんか？　もちろんそうだと良いのですが、本当は相談する相手としてふさわしくないと、判断されてしまった可能性があります。

とくに**話を聞いているうちに、「尋問口調」になっていく人は要注意**です。最初は黙って相談を聞いていても、「あれはどうなっているんだ？」「じゃあ、××の件はどうした

んだ？」などと、話を聞いているうちに気になる疑問が湧いてきて、次々と質問を浴びせてしまうのです。そして、気がつくと、いつの間にか尋問口調になっているのです。

本人は親身になって相談を聞き、事態を理解するために質問を浴びせているだけなのかもしれません。ただヒートアップしただけで悪気はなかったとします。でも、**相談を持ちかけただけなのに、尋問されては怒られたような気分に**なってしまいます。そんな相手に悩める胸の内を吐露するとは到底思えません。

これは仕事ができる上司によく見られるコミュニケーションです。相談者がやってくると、腕組みをして、「さあ、話してみろ！」とばかりに、高圧的な態度を取っているケースもあります。

この構図は、どこか飲酒検問に似ています。飲酒検問を受けると、飲酒をしていなくても、警官が尋問口調だと不快に感じるものです。やましいことがなくても、だんだん口が重くなり、質問に答えるのもイヤになってきます。相手が尋問口調だと、『会話の空気が悪くなる』のです。一応、話を聞く態度を見せていますが、**相手や話に対する敬意がなく、話を聞く姿勢としてふさわしくない**と言えるのです。

極意
3

相手に対する敬意や共感の言葉がない人

なぜ次々と質問を浴びせるような尋問口調の態度が、聞き下手につながるのでしょうか？　悩みを引き出したいのなら、まずはどんな状況に相手が陥っているのか、事実を確認することも大切です。したがって、積極的に質問しようとする人がいても不思議ではありません。質問しているだけなのに、聞き下手だとは心外だと思う人がひょっとしたらいるかもしれません。

もちろん、質問をするだけならあまり問題ではありません。問題なのは、問いつめるような尋問口調です。尋問口調で会話をしていると空気が悪くなり、相談しづらい雰囲気になるという問題はすでに指摘しましたが、尋問口調には、もうひとつ大きな問題があります。それは**尋問口調をするような人は、相手への敬意を欠いているケースが多い**という点です。

質問をするという行為は一見すると親身になっているようにも見えますが、矢継ぎ早に質問を重ねていては、相手の悩みや意見に対する承認や理解がおろそかになりがちなのです。要するに相談相手からしてみれば、自分への敬意を欠いており、**ろくに話を聞いていないも同然**なのです。

話を聞いて、相手が抱えている悩みを引き出すというよりは、アドバイスをして解決してあげようと躍起になっている独りよがりな人だと映ってしまいます。相談してくる相手はトラブルを解決してほしいのではなく、話をただ聞いてほしいだけというケースがほとんどなのです。そのため悩める人には承認や敬意の言葉、そして共感を示していくことが大切です。

関心を持って聞いているよ、そんな空気を醸し出すことが重要なのです。話の内容や、**自分に興味を持っていない相手に話し続けることほど、つらいことはない**のですから。

極意
4

思い込みが激しい人は、話をねじ曲げる

話をしている途中でこちらの言葉を遮って「わかる！わかる」と、相づちを打ってくるような人がいます。話を途中まで聞いて、**勝手にその後のストーリーを理解したつもりになっている**のでしょう。思い込みで、会話を進めていってしまう人によく見られる特徴です。当然、相手が話したかった話の展開が、その人の想像通りだったとは限りません。むしろ、話がズレているケースがほとんどだと思います。こうした話の聞き方は、話をねじ曲げてしまったり、誤解のもとになるため、上手な聞き方だとは言えません。話を遮ってしまっていることを、本人が自覚しているケースもありますが、多くの場合、**本人が気づかずに行っていることもあるため、厄介**です。当人は、話がわかるヤツ、

あるいは頭の回転が速いと思っているかもしれません。

話を聞いているうちに、いままでの人生経験から、きっとこういう展開になるだろうと悪気もなく判断しているのです。会話のペースが自分とは違うため、相手の話が終わるまで待つことができずに、そのような行動に出てしまっているのかもしれません。

こうした話の聞き方をしていると、当然、相手にはきちんと話を聞いてくれないといった不満が溜まっていきます。そして、本当はもっと違う内容の話をしたかったのに……と、悩みを打ち明ける気持ちも失せていってしまいます。したがって、**思い込みが激しい人は話を聞くのが下手**なのです。

思い込みが激しい人との会話は端から見ていると、話が盛り上がっているケースもあり、会話がきちんと成立しているように見えることもあります。しかし、それは表層的なコミュニケーションをしているに過ぎません。こうした思い込みが激しい人とは、**決して深いところでは分かりあうことができない**のです。

極意
5

話をまとめたがる人とは、会話が噛みあわない

人の話を聞くのが下手な、いわゆる「聞き下手な人」の特徴として、ひとつに「**相手の話をすぐにまとめたがる**」という傾向があります。例えば、相手が時系列にそって、気持ちの変化を交えながら相談している最中に、「それってつまり〜〜ということだよね」などと、すぐに結果だけをまとめてしまうわけです。

このような傾向は男性に圧倒的に多く見られ、物事の判断にあたって、**感情よりも論理を重んじる人によくある特徴**だと言えます。具体的な事例を挙げると、例えば、奥さんが「最近、子どもの叱り方について、どうすればいいのかわからなくって……。すごく気持ちがふさぎこむことが多いのよね……」などと、子育てについての悩みを旦那さ

んに相談してきたとします。それに対して「それは精神的にだいぶまいっているようだね。鬱なのかもしれないよ？　評判のいいメンタルクリニックを知っているから行ってみたら？」と話を簡単にまとめてしまうのです。

奥さんにしてみれば、アドバイスを求めたわけではなく、まずは話を聞いてほしかったのです。それに対して、話の内容を「鬱」というひと言でまとめられ、しかもアドバイスをされてしまってはたまりません。奥さんには**「話を聞いてもらえなかった」という印象しか残らない**でしょう。会話はしているのですが、その会話がまったく噛みあっていませんよね。これも「聞き下手な人」の特徴なのです。

この具体例ではもうひとつ、聞き下手な人の特徴が表れています。それは鬱という「漢字」を使って、相手の相談内容をまとめている点です。このようにまとめられてしまうと、相手は「自分だけの特別な悩みなのに、一般的な言葉でまとめられてしまった……」という感情を持ち、とても気分を害してしまうのです。鬱のほか、**絶望や孤独、不安などの言葉も安易に使うと、このように相手の気持ちを傷つけてしまう可能性がある**ので注意が必要です。

極意
6

アドバイスしたがる人は、相談者から嫌われる

すぐにアドバイスをしたがる人や、相手の話をまとめて結論を出したがる人も聞き下手である可能性が高いと言えます。相談事を持ちかけられたときに、**聞き手が気を配るべきことのひとつに、話し手が安心して話せるような空間／環境を提供してあげること**が挙げられます。しかし、話をちょっと聞いただけでアドバイスをしたがるような人は、話題の一部分だけを切り取って、勝手な解釈でアドバイスをしているに過ぎません。そのため、往々にしてピントはずれなアドバイスになってしまうのです。

しかも、アドバイスというのは基本的に「あなたの現状はここが良くないから、こう変えたら？」といった、**現状を否定するようなニュアンスがどうしても含まれます**。し

たがって上から目線になりがちで、「あなたはいったい何様のつもり!?」という反発や不信感を与えることにもなるのです。いくら適切なアドバイスをしたつもりでも、そんなリスクがつきまといます。

そのため、安易にアドバイスをしてくるような人に、相談者は心を開いて、安心して相談を持ちかけることができないのです。**自分の現状を否定されたと感じて、こんな人に話してもムダだと感じてしまう**人がいるわけです。

またアドバイスをするような人は、アドバイスによって相談者が直面している事態が好転することを望んでいるというよりも、**アドバイスをすることによって自らの不安を解消しようとする傾向に**あります。相手の悩みときちんと向き合い、理解を深めていくことに心を砕くのではなく、適当にアドバイスをすることで早々に楽になろうとするのです。

気がついたら、相談者ではなく、聞き手のほうが一方的に話しているような場合も要注意。聞き手が、アドバイスすることに酔ってしまっている可能性があるからです。

極意
7

すぐに結論を出したがる人は、話を長く聞けない

相談内容や会話の要点をまとめて、すぐに結論を出したがる人も、話をきちんと聞いてくれる相手だとはとても言えません。そもそも相手の相談や悩みをまとめるなんてことは簡単にできることではありません。

「要するにあなたが言いたいことはこういうことでしょう？」などと、話の要点をすぐにまとめたがる人がいますが、**私たちの感情や物事というのは複雑なもの**です。

〝嫌い〟という感情が実は〝好きの裏返し〟だったり、振り向いてほしいのに反対に冷たい態度をとってしまうこともあります。また、全体を見渡して、はじめて真実がわ

かるようなこともあります。どんなことでも、ひと言で表現することは難しいのです。にもかかわらず、**話をまとめようとすると、一面だけを見て「決めつけている」と思われても仕方がありません**。話を早く終わらせようとする、不誠実な態度だと取られてしまうこともあります。

もしも話をまとめることが良い方向に向かうことがあるとすれば、それは相手が事態を上手く把握できずに、混乱してしまっている場合などです。そんなときに話の要点をまとめてあげれば、相手は何が起こっているのか、事態を整理することができるようになり、安心してくれるため、意味があると言えます。

逆に言えば、話の要点をまとめたいなら、**相手が安心するようなまとめ方を心がける必要がある**というわけです。自分が「わかった」と安心したいために、まとめるのであれば、相手を怒らせることにもなりかねません。

大きな視野を持っていなければ、話をまとめることなんてできません。そして、大きな視野を持っている人であればあるほど、話をまとめることの難しさを知っています。したがって**話をまとめたがる時点で、視野が狭い**ということになるのです。

Lesson 02

まずは心構えや
態度を改善。
正しい話の聞き方とは？

極意
8

誰だって話は聞ける。上手に聞くには姿勢や技術が必要

〝話を聞く〟という作業は、受け身の行為で、とくに技術はいらないと思っている人が多いと思います。もちろんただ聞くだけなら、誰にでもできますし、確かに受動的な行為です。しかし、思っていることを相手に効果的に伝え、質問を重ねることで、会話から何かを引き出したいと考えるのなら、それは能動的な作業になります。これをアクティブリスニングと呼んでいます。**能動的なアクティブリスニングをするためには技術が必要**です。

どんな風にあいづちを打つのか、どんな質問をするのか、イニシアチブを握りながら、聞きたいことを引き出す様々な聞き方の技法やテクニックがあるのです。例えば「オウ

ム返し」と呼ばれる、相手の言葉をそのまま繰り返すという会話の技法もそのひとつです。相手が語ったことを要約する技術もあります。これらのテクニックを駆使すれば、誰でも効果的に聞きたかった話や、重要な回答を引き出すことができるわけです。

ときどき、会社の面談などで部下に対して「さあ、しゃべってごらん」などと言いながら腕組みをして、話を聞こうとしている上司がいます。でも、部下は怯えて何も話そうとしません。すると上司はしびれを切らして「なんで何もしゃべらないの？　何でも話を聞くって言ってるでしょう？」などと、半ば恫喝しているようなシーンを見かけます。

これでは話を聞く態度だとは言えません。何でも話を聞くと口では言いつつ、「変なことといったら承知しないぞ！」といったメッセージを全身から発していて、まったく能動的ではないからです。あいづちや質問の仕方だけではなく、**話を聞く姿勢や態度もアクティブリスニングのひとつ**なのです。聞きたいことをきちんとイニシアチブを握りながら、聞いていく。適切な質問で、相手をしゃべりたい気持ちにさせることが非常に大切なのです。

極意
9

悩みがあってもアドバイスは、素直に受け入れることができない

相談事を持ちかけられると、ついアドバイスをしたくなるという人は多いと思いますが、アドバイスには、「あなたのここがダメだから、そこを直しなさい！」といった**現状を否定する要素が必ず含まれています**。

ですから、それが人を傷つけることもあります。また、人間というのは現状を否定されると、自分を守ろうとする意識が働きます。そのためどんな有益なアドバイスであっても、素直に心に入っていかないことが多いのです。どうしても、一度は抵抗して受け入れたくないと思ってしまいます。

本当に有益なアドバイスであっても、数日間はもやもやした気分が続いて、ようやく

「よくよく考えたら、あの人が言ってくれたことは正しかったのかもしれない……」といった具合に、アドバイスを受け入れることができるようになっていきます。もちろんそうならないケースもあります。それほど**アドバイスというのは、受け入れることが難しいもの**なのです。

治療現場での不適切なアドバイスは患者を傷つけてしまい、最悪の場合、病状を非常に悪化させる事態に発展する危険もあります。

ただ、「よいアドバイス」としてすんなり受け入れられるものもあります。それは本人が聞きたかった情報をきちんと提供しているときです。**本人の心の準備ができているときには、現状否定ではなく有益な情報として聞くことができる**のです。

心の準備ができていないときに、「それじゃあ、ダメだよ！」などと否定されると、抵抗感は強く、アドバイスした本人に悪気がなかったとしても、相談した人は葛藤を抱えてしまいます。

極意
10

相手の存在そのものを、心から受け入れる

言葉というのは、額面通りには受け取れないものです。ストレートに気持ちを言葉にして表現する人もいますが、多くの人は気持ちを隠したり、別の言葉で言い換えたり、気持ちとは裏腹のことを口にしたりと、素直に思っていることを言葉にしないことのほうが多いと思います。話をする相手によっても言葉の使い方や態度を変えます。嘘だってつきますし、相手が傷つくことがわかっていて、あえてイヤことを言ったりもします。会話では言葉をそのまま受け取れないことのほうが多いのです。

とくに悩みを抱えた人は、相手が信頼できる相手かどうか、心を許すまで気持ちを隠します。相手を試して、悩みを吐露していいのか、見定めようとするわけです。そのた

め相談者と向き合い、話をきちんと聞くのであれば、**言葉の裏に隠された感情を読み解いていく**ことが欠かせません。

「この人は言葉ではそう言っているけれど、本当に心からの声なんだろうか？」

「怒っていて、言葉にトゲがあるけれど、心の中で泣いているのかもしれない……」

そんな風に常に感情のひだを捉えるべくアンテナを張り、気持ちを想像することが求められます。

プロのカウンセラーでも、なかなか難しい作業ですが、まずは**相手の存在そのものを心から受け入れようとする姿勢**が肝心です。

「いったいどんな人なんだろう？」

「気持ちをどう表現する人なんだろう？」

「どう向き合えば、心を開いてくれるのか？」

先入観にとらわれることなく、相手を受け入れましょう。まずはそこからです。ありのままの相手を受け入れ、理解したいという気持ちを持つ。そして話をしっかりと聞いていく姿勢が重要なのです。

極意
11

会話に結論は必要ない。それは相手が自分で出すもの

つらいとき、苦しいとき、人はその気持ちを切に「わかってもらいたい」と願います。

わかってもらえたところで、なにか問題が解決されるわけでも、なにか大きな変化が訪れるわけでもありません。それでも人は「わかってもらえること」で、がんじがらめで堂々巡りをしている思考から一歩抜け出して、前に歩み出すことができるようになります。それはなぜなのでしょうか？　それは悩みを抱えた人が自分の気持ちを「わかってもらえた」と心の底から感じることができたとき、**自分の気持ちに素直に向き合い、自分自身の心の声に耳を傾けることができるようになる**からです。相談された側は打ち明けられた悩みに対して、解決策やアドバイスなどの「結論」を出す必要はないのです。

現代カウンセリングの礎を築いたカール・ロジャーズも次のような言葉でこの感情を説明しています。

「私が自分自身を受け入れて、自分自身にやさしく耳を傾けることができる時、そして自分自身になることができる時、私はよりよく生きることができるようです。……言い換えると、私が自分に、あるがままの自分でいさせてあげることができる時、私は、よりよく生きることができるのです」（諸富他訳『ロジャーズが語る自己実現の道』岩崎学術出版社）。

この言葉をもっと分かりやすく説明すると、**人が自分のことを無条件に受け入れてくれたとき、気持ちに大きな変化が生まれ、「より前向きに」生きることができる**ということを言っているのです。このような気持ちの変化は何も深刻な悩みを抱えた人たちだけに特有のものではありません。家庭や会社での日常のコミュニケーションにおいても、当てはまります。

では、このように相手に「わかってもらえた」と実感してもらうために必要な、聞き手としての心構えや態度とは何なのでしょうか。それはその人の**傍らにいて、心を込め**

て丁寧に話を聞くという姿勢なのです。カウンセリングの専門用語では、この聞く姿勢のことを「傾聴」（けいちょう）と呼びます。相手のことを無条件に受け入れて、相手の心に寄り添いながら共感して話を聞くということ。それができるだけで、相手は「私のことをすごく大事に考えてくれているんだな」と感じてくれます。

間違った聞き方のひとつに、悩みごとなどを相談されたときに、なんとか相手の役に立ちたくて、すぐに解決策などのアドバイスしてしまうという行為があります。気持ちは分かりますが、それでは相手に「わかってもらえた」と実感してもらうことはできません。相手はあなたに**アドバイスを求めているわけではなく、あくまでも話を「聞いて」ほしい**のです。人は聞くよりも話すほうが楽な生き物なので、ついつい話をしたがりますが、そこはぐっとこらえることが大切です。

このような「傾聴」ができていると、話している相手は最終的に「ふたりでいるような、ひとりでいるような」感覚になっていきます。それはある意味、うまく自問自答できているという状況です。自分自身の内なる声に耳を傾けることができている心理状態になります。

ひとりで悩むことに疲れ果てた人が、その思いを真摯に丁寧に聞いてくれる人に出会い、そのすべてを語りつくしたと感じたとしたら。その人がそこにいてくれるだけで、自分が自分らしくいられる。そんな体験ができたならば、何が起こるのでしょうか。不思議なことに、そのように話を聞いてもらっているうちに、それまで自分の心を支配して、がんじがらめにしていた不安や悩みが、ふっと消えていく感覚に気づくのです。さらにその後、自分の本当の気持ちに気づくのです。「本当はこんなふうに思っていたんだ」ということに。それはまさに「本当の心の声」と言えるでしょう。

相談された側はとくにアドバイスもしていなければ、何か結論を伝えているわけでもありません。それでも相手は、**自然と自分自身の素直な気持ちに向き合い、自分の本当の気持ちに気づく**のです。そうなると、「わかってもらえた」「話を聞いてもらえた」「私の不安な気持ちや言いたいことを理解してもらえた」と実感してくれます。

カウンセリングの現場でもそうですが、このような態度、聞き方が非常に大切です。プロのカウンセリングの現場でも、結局は**相談者自身が決めたことこそが、本質的な問題の解決に**結びついていきます。

極意
12

話をする場所も意外と重要。安心して心が開ける場所を選ぼう

話を聞く場所も重要です。相談事を聞くのなら、**安心して話せる場所を選ぶべき**です。相談相手が会社の部下や同僚などの場合、相談の内容にもよりますが、社内や会社近くを避けるのが賢明です。同僚には聞かれたくない相談内容である可能性が高いので、安心して話をすることができません。

また、安心できる場所と言えば、相手の自宅も候補に挙がります。相手のテリトリーで聞くほうが、当然、話しやすいケースが多いのです。

ただし、**必ず相手のテリトリーが良いかと言えば、そういうわけでもありません**。相手によります。

例えばいくら仲が良いといっても、相手の自宅にお邪魔して話を聞くと、かえって気を遣わせてしまうことがあります。飲み物を出したり、部屋を片付けたり、お客さんとして応対しようとしてしまい、ゆっくりと話ができない人がいるのです。そのような人と話をするのなら、こちらのテリトリーに招いてしまったほうが、余計な気を遣わずに、リラックスして話をしてくれます。

また相手の自宅で相談を聞くと話の終わりが見えずに、延々と聞く羽目にならないかと、心配する人もいます。

そんなときは話をする前に「明日も仕事があるから、今日は9時まで話を聞くよ。でも、それまでは真剣に聞くから」などと言って、**終了時間を区切ってしまうのも手**です。時間が来ても話が終わらないなら、また別の日を設ければ良いのです。長い時間をかけたからといって、良い結果が出るとは限りません。お互い集中力も切れてしまいます。あくまで質が大事です。

標準的な精神療法の1回の面接は50分前後ですが、かなり多くの話をすることができます。

極意
13

正面ではなく斜め45度に座ったほうが相手は話しやすい

話し相手とどんな位置関係で座ればいいのか？　正しく話を聞くためには、意外と重要なポイントです。

では、どういう位置関係で座るのが良いのでしょうか？　それは、**相手の斜め45度の位置に座ること**です。相手の正面に座るのではなく、意図的に少し横にずれた位置を選んで座るのです。

人はそれぞれパーソナルスペースと呼ばれる自分のテリトリーを持っています。コミュニケーションをするときに人々が取ろうとする、相手との物理的な距離のことを指しています。動物でいう縄張りのようなものです。親密な相手ならパーソナルスペースに入って来ても問題ないのですが、まだ心を許してない警戒すべき相手が近づいてきて、パーソナルスペースに入ろうとすると、後ずさりして一定の距離をおこうとします。パーソナルスペースには入り込ませたくないという意識が働くのです。このパーソナルスペースの大きさは人によって異なり、また文化や国によっても変わります。心地よいと感じる距離、あるいは不快に感じる距離は人それぞれです。

斜め45度の位置に座ることによって、パーソナルスペースの少し内側に入ることが可能になります。対立関係が緩和して、物理的な距離も近くなることで、話がしやすくなり、悩みも打ち明けやすくなるというわけです。距離が近くなると言っても、ゆっくり話をする場合には、テーブルを挟んでいるケースも多く、警戒するような相手だったとしても、それ以上近づいてくる危険性は感じません。そのため自然な形でパーソナルスペースに一歩足を踏み入れることができるのです。

パーソナルスペースの内側に入るということだけを考えれば、横に座るという選択肢もありますが、それはさすがに行き過ぎです。恋愛関係ならまだしも、ただ話や悩み事を聞くために、そこまでする必要はありません。かえって親密になりすぎて、冷静な話し合いがしにくくなってしまいます。

逆に言えば、話す相手が異性で、親密な関係になりたいときには、横に座るのが効果的だと考えられます。バーでカウンターを選んで異性と座れば、パーソナルスペースの内側に入って自然と距離を縮めることができます。親密な話もしやすくなります。

斜め45度に座れば、横に座るほど親密度は上がりませんが、適度な距離感を保ちつつ立ち入った話をすることができるわけです。ただ**座る位置を変えるだけで、相手との距離感も変わる。誰でもできる簡単なテクニック**です。

もし、どうしても正面にしか座れない場合には、意識して意見が対立してしまわないよう心がける必要があります。相手の顔をきちんと見たり、意識的に目を合わせたり、あるいはゆっくり頷いたり、あいづちを打ったり、などと正しく話を聞くための様々なスキルを使いながら、話を聞くことが大切になります。

正面は対立の関係と言いましたが、その関係性を利用することもできます。例えば、人を叱ったりするようなときには、相手の正面に座るのが一番適しています。あえて対立関係を演出するのです。

相手を叱るときに斜め45度に座ると、少し追求も弱くなってしまいがちです。

「どうして遅刻なんてしたんだ！　たるんでいるぞ！」

などと、部下の怠慢な態度を注意するときに、もしも斜め45度の位置に座っていたら、

相手もあまり厳しさを感じません。

「すいませ〜ん。寝坊しちゃって……」

などと、許してもらえると思って、ちょっと甘えてくるかもしれません。

話をする内容や相手との関係性などによって座る位置を変えてみるのも、効果的に話を聞くためには必要なことなのです。

極意
14

話を聞くときは、落ち着いてゆったりと腰掛ける

正しく話を聞くためのテクニックとなると、例えば質問の仕方やあいづちの打ち方といった技法に意識が向きがちですが、**話しやすい空間を作ることも非常に大切**です。話を聞く場所は、例えば会議室だったり、飲食店だったり、あるいは自宅だったり、様々なシチュエーションが考えられますが、イスがあったり、テーブルがあったりと、その場の状況が大幅に変わることはあまりありません。

しかし、話しやすい空間や、反対に話しにくい空間が確かに存在します。では、なぜそのように感じるのでしょうか?

それは**話を聞く人がその場の環境を作っている**からです。話しやすい相手か、話しに

くい相手か。それは聞く人の態度が大きく影響しています。

相手が腕組みをして話を聞いていれば、圧迫感を感じますし、いつも聞きながらとんとんと机を叩いているような人だとしたら、話に退屈しているか、せかされているように感じます。非常に話しにくい雰囲気です。

では話しやすい環境を作る態度とは、どんなものなのでしょう? 簡単にできる話を聞く正しい態度として、ゆったりとした姿勢を保つというポイントが挙げられます。

例えば、**ゆったりとした動作で腰をかけて、姿勢も安定させる**のです。そして、表情もゆったりと余裕がある雰囲気を出した上で、「よろしければいろいろ話を聞かせてください」と声をかけて話をスタートさせます。

質問をするときも優しいトーンで話しかけ、頷く表情も相手が安心するようなゆったりとした雰囲気を心がけるのです。このような空気感を醸し出すだけで、話しやすい雰囲気が作られていきます。それが安心感につながっていき、心を開きやすくするのです。安心して話ができる。そんな心地よい環境を作ることを心がけましょう。

極意
15

話す相手の目を見ると、きちんと聞いているサインになる

「きちんと相手の目を見て話しなさい！」と、話を聞くときの作法を指摘する人がいます。確かにこれは理にかなっていると言えるでしょう。

例えば、売り上げ成績があまり良くない部下がいたとします。ノルマもあるので、上司としてはなんとか売り上げを伸ばしてもらいたいところ。そんなとき上司が厳しい言葉を投げかけて叱咤激励したとしても、**目をあわせなかったら、あまり部下の心には響かない**と思います。いくら厳しいことを言われても、その場をやり過ごせば、逃げられる気がしてくるのです。

「全然ノルマが達成できてないじゃないか！　どうなってるんだ！」

と怒られても、拍子抜けして
「あっ、すみません」

と軽く謝る程度になってしまいかねません。

それよりも、きちんと目を見て
「最近、成績が伸び悩んでいるみたいだけど、どうしたんだ?」

などと言われたほうが、部下もことの重大さを感じ、反省するはずです。たとえ上司の注意する言葉が優しかったとしても、そのほうが心に刺さると思います。

目を見ないということは、そこまで立ち入りませんよ、という合図になってしまうのです。無関心のサイン、どこかやましいことがあるサインになります。相手の目を見るというのは、やはり重要なポイントなのです。

また、相手から本音を引き出したいときには、アイコンタクトを意識すると、効果的です。きちんと話を聞いてますよ、というサインになるからです。目を見ない相手はやはりどこか信頼できず、自分の気持ちを打ち明けにくいのです。**相手と目をあわせる回数を意図的に増やすようにして、信頼できる人間であると、アピール**しましょう。

極意
16

相手の呼吸のリズムにあわせて、あいづちを打つ

会話のスピードというのは人それぞれです。考えながらゆっくり話す人もいれば、とにかく早口でまくしたてるように話す人もいます。そのため**相手の会話のスピードにあわせて話すように心がけると、話がしやすい**と言われています。これは「チューニング」と呼ばれるスキルです。

コツは相手と呼吸のリズムをあわせるようにすることです。

例えば、友達とおしゃべりをするときに、同じスピードで話す人たちが集まっていると、会話が盛り上がる気がしませんか？　気があう友達はたいてい会話のスピードも同じだというケースが多いのです。

早口の人が「これこれこうで……」と説明したあとに、「そうなんですか〜」などと、おっとり返事されると、調子が狂ってしまうと思います。「もっと早くしゃべってよ」と、イライラしてしまう人もいるかもしれません。できるだけ同じスピードで返答してほしいと考えるのではないでしょうか？

会話にはリズムがあり、リズムに乗って話をしていると、会話していること自体が楽しくなってきます。また、お互いが方言を使って会話すると、リズムが合いやすくなることも多いのです。同じ地方の方言はもちろん、他の地域の方言であっても、どちらかが標準語で話すよりも、チューニングしやすいはずです。

例えばこんなことがありました。東日本大震災の被災地支援の一環として、心のケアをするために東北でボランティア活動をしていますが、最初は東北弁がコミュニケーションをする上で、ひとつの壁でした。最初のうちは、はっきりいって被災地の方々が何を話しているのか、わかりませんでした。どうしても聞き返してしまうことが多かったのです。

でも、相手が真剣に話をしているときに、「もう一度言ってもらえますか？」それはどういう意味ですか?」とは、なかなか言えません。出てくる単語の5分の1くらいしか理解できませんでしたが、リズムだけは相手にあわせようと、「なるほど、そういうことがあったんですね〜」などと、あいづちを打っていました。

最初は気を遣っていたこともあり、標準語で話していましたが、どこか堅苦しい空気に包まれていました。そこで方言を使ってみることにしました。すると、方言を使って受け答えしていることに気がついた相手の方が、クスッと笑って、「なまっているね」と言ってきました。方言同士の場合、親近感が湧くとともに、会話のリズムもあいやすいため、打ち解けやすいというメリットがあるのかもしれません。

相手と呼吸をあわせるときのポイントがいくつかあります。ひとつは、会話のスピードです。話すスピードをあわせるのが、一番ですが、もし相手が早口すぎてあわせられない場合には、**あいづちのテンポをあわせる**という方法でも構いません。「そうなんですかー」「そうなんですねー」とあいづちだけなら、相手のスピードにあわせることもそれほど難しいことではありません。

二つ目は、**声のトーンをあわせる**ことです。声が高い人なら、いつもよりも高めの声で話し、低い相手なら同じように低い声を出すことを意識すると、会話の呼吸があってきます。完全に一致しなくとも、意識するだけで違います。

ほかにもセンテンスの切り方をマネするという方法もあります。例えば「そこで／わが社としては／こういうことに重きを置いており」など、少し途中で呼吸を置きながら、ぶつ切りで話す人がいたとします。

そんなときは、「なるほど！」「おっしゃるとおりです」「素晴らしいお考えですね」など、短いセンテンスで受け答えするようにします。

あるいは、「そうなんですね〜。そういう風に思ったんですか〜」という具合に語尾を伸ばすような話し方をする人には、同じように語尾を伸ばしてあげると、会話がしやすくなるのです。

相手がいったいどんな話し方をするのか？ リズムは？ スピードは？ 早口？ おっとり？ 声のトーンは？ 高い？ 低い？ 何か口癖はある？ など、**良く相手の会話を聞き、その特徴をマネる**ようにすれば、会話に心地よさが生まれて、話しやすい相手と認識してくれるようになるはずです。

極意 17

あいづちの基本「オウム返し」は、きちんと聞いている合図

「オウム返し」と呼ばれるあいづちの方法は、プロのカウンセラーがよく使う、話を聞くときの基本的な技術のひとつです。

相手が話した内容を、そのまま繰り返すあいづちで、比較的誰でも簡単に習得できる技術だと言えます。このオウム返しには様々な効果があります。

悩みを聞いたり、話を聞くときの注意点として、アドバイスをしてはいけないというポイントがあります。相手はただ話を聞いてほしいケースがほとんどですので、アドバイスは不要なのです。ついついしたくなる気持ちもわかりますが、解決策はその人自身が見つけていくことが大切なのです。

なぜアドバイスがいけないかというと、それは聞いている人の意見だからです。よほど目から鱗のアドバイスであっても、他人の意見をなかなか素直に受け入れられないのが人間です。また自分とは違う意見を言われると、議論になってしまいます。相談する人は議論をしたいのではなく、あくまで話を聞いてほしいだけなのです。議論がはじまると、相談者が本当に抱えている悩みや問題など、深い話までをすることができません。途中で話の腰を折ってしまったり、話が一向に前に進まないのです。だから、相談者に抱えている悩みを吐露させて、それを解決しようとするカウンセリングの現場では、アドバイスが厳禁だと言われているのです。

その点でいえば、「オウム返し」は相手が言ったことをそのまま繰り返します。したがって、すべては相手が語ったこと。意見がぶつかるようなことには絶対なりません。

また、**相手が言った言葉を繰り返すわけですから、きちんと話を聞いていなければ「オウム返し」をすることができません**。そのため、「オウム返し」をするということは、自然と話を聞いているサインになるわけです。適当なあいづちを打ってしまって、「ねえ、ちゃんと聞いてるの?」などと、言われる心配もありません。

また、「オウム返し」をしているうちに、**話し手の考えが整理されるというメリットもあります。**

理路整然と話すことができる人もいますが、考えがまとまらないうちに話しをする人も多くいます。ただ多くの人は、会話をしているうちに自分がどう考えていたのか、どうしたいのか、どんどんまとまっていきます。オウム返しでは、その人の言葉を繰り返すため、話し手は自分がどんなことを考えていたのか、客観的に知ることができるわけです。口で話しつつ、自分がしゃべった言葉を耳でも聞くことになり、話すうちに自然と考えが整理されていきます。オウム返しにはそのような効果もあるのです。

さらにオウム返しは、初対面の相手との会話にも有効です。初対面との会話で困るのは、何を話題に話をすれば良いのか、わからない点です。共通点が見つからず、ぎくしゃくした会話に終止してしまうことがよくあります。しかし、**オウム返しを使えば、自分から話題を提供しなくても、あいづちとオウム返しだけで会話をしていくことができます。**

【オウム返しの例】

Aさん：最近フットサルにハマっているんですよ。
Bさん：**フットサル**ですか？
Aさん：そうです。日曜日にやっているんです。
Bさん：**日曜日**にやっているんですね。毎週ですか？
Aさん：そうですね。ほぼ毎週のように渋谷でやってます。
Bさん：**渋谷**でやってるんですか？
Aさん：ええ、渋谷にフットサルができるところがあるんですよ。
Bさん：渋谷でもフットサルができるんですね。

会話が盛り上がれば、話しやすい相手という好印象を相手に与えることもできるので、オウム返しは非常に便利な手法だと言えます。さらに慣れてくれば、**オウム返しを使って、相手から答えを引き出したり、話したい話題に誘導していくことも可能**になります。

極意
18

共通点を探すのは間違い。知らない話題のほうが盛り上がる

初対面の人とは、共通の話題がなくて、話が弾まないという声をしばしば耳にします。何を話していいのかわからず、積極的に会話できないと悩んでいる人もいるのではないでしょうか？　結婚式の2次会や、ちょっとしたパーティなど、知らない人が大勢集まるような場所は、とくに苦手だという人もいると思います。

そんなときに**共通の話題を探そうとするのが、そもそも間違い**なのです。初対面の人との会話というのは、実は知らない話題のほうが盛り上がるからです。

例えば、初対面の人と少し会話したところ、趣味がフットサルだったとします。そんなときフットサルのことをまったく知らなかったら、会話の話題にならないと思うかも

しれません。でも、そうではないのです。自分が知らないことは、相手が知ってるわけですから、どんどん疑問に思ったことを聞いていけば良いのです。**相手がその質問に答えてくれるので、自然と会話が成立**していきます。

「フットサルってどこでできるんですか？」

「どんなスポーツなんですか？」

「サッカーとどう違うんですか？」

「女性でもできるんですか？」

「何人でやるんですか？」

どんな素朴な疑問でも構いません。「私はぜんぜん知らないんです」と最初に伝えておけば、不快に思ったり、初歩的な質問すぎると、怒り出してしまうこともないと思います。この程度のレベルの質問なら、フットサルを知らない人でもできるのではないでしょうか？

相手も話題が、自分の好きなフットサルのことなので、知らない人に教えてあげたい気持ちになります。フットサルに興味を示してくれたとうれしく思って、あれこれ教えてくれるでしょう。相手が口下手な人であっても、話しやすいテーマなので、積極的に語ってくれると思います。

共通点を探そうと一生懸命になっていると、共通点がもし見つからなかったときには会話が一向に盛り上がらなくなってしまいます。そのような気まずい事態は避けたいところです。だから共通点を探そうとするのではなく、知らない話題のほうが盛り上がると、これまでの考え方を改めることが、初対面の相手との会話では重要なのです。

「実はうちの主人もフットサルをやっているんですよ！」と共通の話題を見つけたと思って、会話をはじめても、相手にとっては珍しい話ではなく、「そうなんですね、へー」と言われて、あまり盛り上がりません。それで会話が終わってしまいます。「だから何？」という感じです。それなら「私の主人もやっているんですけど、よくわからないんですよ、フットサルって？　どこでやるんですか？」などと、知らないふりをして話を続けるほうが賢明です。

また**共通の話題の場合には、意見がぶつかってしまう危険も**あります。例えば、お互いにフットサルが趣味だったとします。そして、会話の途中で相手が自分よりも知識がないとわかったとします。男性に多いのですが、こんなときに自分の知識をひけらかして、教えたがる人がいます。知っているだけに、つい話したくなるわけです。そして自分の意見を挟もうとします。

でも自分が知らない話題なら、自分の意見を言う必要もありません。質問を続けて、相手に話をさせればいいのです。話題に困って、気まずい思いをすることもありません。

したがって、**初対面の人との会話こそ、聞き上手になれるチャンス**なのです。知っていることを教えたがる人は、聞き上手ではありません。自分の知っている話題で話そうとするのではなく、自分が知らないことを尋ねるつもりで、心のスイッチを切り替えるわけです。

ここは知らないから、この人に聞いてみよう。よく分からないから教えてもらおう。そんな意識で初対面の人と会話をすると、自然と聞き上手になっているに違いありません。次に会ったときには、「フットサルをされてるんですよね？　前回は盛り上がりましたよねー」などと言えば、あとはもう知り合いのように会話をしていくことができると思います。

Lesson 03

話を聞くときに
絶対やっては
いけないこと10

極意 19

アドバイスしようとするな。良いことを言おうとするな

話を聞くときに絶対にやってはいけないこと。そのひとつが「アドバイス」をすることや、「良いこと」を言おうとすることです。読者の方の多くは「?」と思うかもしれません。相手の話を聞くとき、とくに悩みごとや相談ごとの場合は、こちらも相手の役に立ちたいと思うからです。しかし、これが話を聞くときに陥りがちな大きな間違いだと言えるのです。

相手の話を聞くときに大事なことは、結果的に相手が「私の話を聞いてもらえた」「私の考えていることを理解してもらえた」と思ってもらうことです。そのためにはとにかく「丁寧に聞く」という態度をとり続けることが大切なのです。**アドバイスや相手の役**

に立ちそうな情報というのは、相手からしてみれば「余計なこと」になってしまいます。

この「アドバイスをしない」、相手にとって役に立ちそうな「良いことを言わない」という心構えは恋人、夫婦間のコミュニケーションやビジネス上のコミュニケーションにおいても、もちろん役に立ちます。プロカウンセラーの日々の仕事でもこのような態度・姿勢で相手の話を聞きます。

ただ、プロのカウンセラーでも勘違いをしている方は多いようです。カウンセリングをした相手から「今後は先生の言われたようにしてみます」と言われたとしましょう。カウンセラーは「いい仕事ができた！」と満足できるかもしれません。しかし、このとき、実はカウンセリングは失敗しているのです。

「先生の言われたようにしてみます」と相手が言ったのは、実は自分に対応してくれたカウンセラーに気を遣っているだけです。おそらく、心の中では「二度とこの先生には話したくない」と思っていることでしょう。なぜなら、**「言われたようにしてみます」とは、「余計な」アドバイスをしてしまっている証拠**だからです。相談ごとへの不用意な「アドバイス」や「良い意見」には注意しましょう。

極意
20

トラブルや問題を解決しようとしない

せっかく話を聞いてもらっても、自分の気持ちにあわないことを言われたりすると、「わかってもらえないのね……」という気持ちになってしまいます。話を聞いてほしいと思っている人は、**相手がどんな姿勢で聞いてくれるのか、何を言ってくれるのか、とても敏感になっています**。

では、そのような場合、聞き手はどんな姿勢・態度で聞くことが重要なのでしょうか。ポイントはいくつかあるのですが、ひとつは「トラブルや問題を解決しようとしない」という姿勢です。**解決しようとするのではなく、相手のことをわかろうとする**のです。

相談してきた相手に、「こういうふうにすればいいんじゃないかな」「それはきっとこういうことだよ」と、すぐに結論を出したりアドバイスをしようとする人がよくいます。もちろん相手の役に立ちたいと善意でそうしているのでしょうが、それがよくないのです。そのような態度は相手をかえってつらい気持ちにさせてしまう場合があるのです。

カップルの会話を例に説明してみましょう。

女性「最近、職場の同僚とうまくいっていなくて、会社に行くのがとても苦しいの。何をやっても楽しくないのよね……」

男性「何がきっかけでうまくいかなくなったの？　何か知らない間に相手を傷つけているのかもよ。相手に一度その気持ちを素直に話してみるのもいいかもね」

男性のアドバイスは決して間違っているわけではありません。たしかに素直に相手に話をしてみるのもひとつの手段です。ただ、彼女からしてみれば、そんな解決策を教えてほしかったわけではないのです。彼女は**今の悩んでいる自分の話をただ、聞いてほしかっただけ**なのです。あくまでも相手の現状の気持ちを聞いてあげて、「そうかぁ、すごく苦しい状況なんだね」「何をやっても楽しくないのかぁ」と、相手の気持ちを理解しようとする姿勢を見せることが大事なのです。

極意
21

「あなた／相手が悪い」は禁句。善悪を判断してはいけない

例えば、妻子ある男性を好きになり、関係を持ってしまった女性がいるとします。その女性が不倫の悩みをあなたに打ち明けてきたとしたら……？　当然ながら、不倫は倫理的にも肯定されるべきことではないでしょう。しかし、恋愛は理屈でするものではありません。お互いに本気で好きになってしまい、道徳的にはもちろん悪いことだと自覚しながらも、その相談をあなたにしてきたのです。そんなとき、あなたは彼女にどんな言葉をかけますか？　もちろん「奥さんや子どものことを考えたら、よくないことだよ。いますぐ別れるべきだ」と倫理的・道徳的に判断をしたアドバイスをすることもできるでしょう。しかし、この**「善悪」にとらわれていては相手の話を聞くことができなくなっ**

てしまいます。してはいけないことだと、相手もじゅうぶんわかってはいるのです。それでもどうしようもなく好きになってしまっているのです。それなのに相談した相手から「よくないことだ」とバッサリ否定されてしまっては、ますます追いつめられた気持ちになってしまいます。

聞き手として、ここで相手の話をきちんと聞いてあげることができれば、相手も自分の気持ちに素直になることができ、自分のこころの声に向き合うことができるようになります。そのために大事なことは、**「不思善悪」の心構えで相手の話を聞くこと**です。「不思善悪」とは聞きなれない言葉だと思いますが、これは仏教用語で、善悪の判断をしないという意味になります。相手が話している内容について、善悪の価値判断をしないということです。必要なのは、善悪の判断ではなく、あくまでも相手の気持ちに寄り添って、しっかりと相手の気持ちや考えを受け止めていく（＝受容）ことなのです。

前述の「不倫」の相談であれば、次のような言葉と態度で接してみてください。

「自分でもよくないことだって思っているんだよね。でも相手への気持ちを抑えることもできず、その気持ちをどうすればいいのかもわからなくなって困っているんだね」

と。

このように相手の思いを言葉にして繰り返しながら、話を聞いていると、人はなぜか、自然と自分の心に素直になっていきます。価値判断をされたり、アドバイスをされることなく、ただただ「寄り添っていてくれる人がいる」と心の底から実感できれば、人は自分自身で心の声に耳を傾け、そして大切なことは何かということに気づいていくものなのです。

このほかにも具体的な例を挙げて説明していきましょう。例えば、「俺なんか生きている価値はないんだ。もう、死んでしまいたいなぁ……。家族も会社も、誰も俺のことを必要としていないんだ。もう存在する意味ないんじゃないか……」と、こんな相談をしてきた男性がいたとします。その相談に対して、あなたならどんな言葉をかけてあげますか?「そんなことないよ。あなたはこの世にひとりしかいないかけがえのない存在なんだよ」と、励ましてあげたくなる人も多いことでしょう。

確かに「あなたには価値がある」「すばらしい人だ」と相手を受け入れてあげたくもなります。しかし、傷ついて心ががんじがらめになっている相手にとっては、そのような**励ましの言葉は、実は気持ちを完全拒否した言葉として受け止められてしまいます。**

「価値がある」「すばらしい」とは誰でも言うことです。すばらしいことが「良い」と価値判断されてしまっているので、裏を返せば、もしそうでなければ「悪い」という価値判断をしていることになるのです。相手は「せっかく思い切って相談したのに、言っても駄目なんだ、わかってもらえない……」と思ってしまう言葉なのです。それでは決して「自分の気持ちにしっかりと寄り添ってくれている」と相手に感じてもらうことはできないでしょう。

では聞き手としてどんな対応がふさわしいのか。この場合でも同じです。**あくまでも相手の心に寄り添い、受容的な言い方で相手の話を聞いてあげる**のです。「そうかぁ、自分でもそんなこと思っちゃいけないとわかっているんだね……。でも、どうしても死にたいって思うんだねぇ……」と。励まそうとしたり、「死なないと約束して」などと言ってしまうのは、裏を返せば、死にたいと言われると聞き手である自分が狼狽してしまうから。励ますことによって、自分が安心したいだけなのです。

極意
22

大事な話を聞くときは、緊張感が伝わってはいけない

話を引き出すためには、質問やあいづちなどのテクニックも必要ですが、まずは話しやすい環境を作ることが大切です。とくに悩みを打ち明けたり、大事な話をするときには、相談してくる相手も緊張しているものです。相談内容を聞いて、あなたがどんな反応を示すのか、不安を感じているはずです。

そのため、話を聞く**こちらの緊張感が相手に伝わらないようにすることが大切**です。相手がすでに緊張しているのに、こちらまで緊張していることが伝わってしまうと、余計に話しづらくなってしまうからです。できるだけ相手がリラックスできるよう、たとえ緊張していたとしても、その緊張感を見せないよう振る舞うべきなのです。

では、どのようにして緊張感を隠せば良いのでしょうか？　とくに難しいことではありません。例えば、**席にゆったりと座るとか、ゆっくりと大きく頷く**ようにするとか、その程度のことで構いません。何事にも動じない、そんな余裕のある態度を示すよう心がけましょう。

話を聞く態度は意外と重要なのです。例えば、腕組みをしながら話を聞くと、「なんでも良いから話してみろ」といった、高圧的な雰囲気が出てしまい、相手によっては存在を否定されたかのような強い抵抗感を与えることにもなりかねません。あるいは、貧乏ゆすりのように、いつもとんとんと机を叩いていたり、あいづちがとても早い人は会話を急かしているように感じさせてしまい、落ち着いて会話することができません。

姿勢を安定させて、ゆったりとした表情で、さらに声のトーンにも気を配って、**優しい雰囲気を出すようにしたほうが良い**でしょう。また、「よろしければ色々とお話を聞かせてください」と丁寧な言葉遣いをしても良いでしょう。

きちんと話を受け入れる体制を作ってあげてから、相手と向き合って話を聞くことが大切なのです。

極意
23

話題に興味を示さない相手と、話すほど苦痛なことはない

おしゃべりが好きな人であっても、**話にまったく興味を示さない相手と話し続けることは苦痛**に感じます。話すことに慣れていない人なら、なおさらです。したがって、話を聞くときには、薄いリアクションや小さすぎる頷きなど、話題に関心がないと受け取られかねないような態度を取るべきではありません。わざとらしくない程度に関心があることをアピールすることが大切です。

「あいづちを打つ」や「大きく頷く」といった方法は、関心を示すための基本的な技術ですが、例えば「へ〜、そうなんですか?」とあいづちを打ったあとに、**少し間を置いて考えるそぶりを見せる**といった手法もあります。きちんと話を受け取ってくれたと

感じることができます。

また「そうなんですか⁉」「本当ですか！」と**驚いてみせることで、相手に感動を伝える**のも効果的です。気持ちがこもっていればいるほど、相手のテンションも上がります。

例えば、常に周囲にかわいがられるような後輩がいます。そういう人は「すごいっすねー」とか「マジですか？」など、驚きのあいづちを打つのが上手な人が多いと思います。周りから「教えてやるよ」と言われたり、「お前も頑張れよ」などと励ましてもらったりするケースも多く、スポーツで能力を伸ばしていく選手の多くは、そうやって先輩に可愛がられながら、技術を教えてもらったりして、成長していくのです。

「はい、わかりました。ありがとうございます！」と真面目に受け答えをするだけでなく、**＋αの感動が伝えられるようになれば、コミュニケーションもより円滑に進む**ということなのです。感動を伝えるといっても、「どう反応したらいいのか、よくわからない」「不自然なのは嫌だ」と言う人もいるかもしれませんが、ほんの少し感動の言葉を足すだけなので、それほど難しいことではないと思います。

極意
24

「はい」「いいえ」で答えるような質問をしてはいけない

相手の気持ちを引き出すために、質問を使って会話をリードしていく方法もありますが、質問するときに気をつけたいのは**「はい」か「いいえ」で答えるような質問をしてはいけない**ということです。

例えば、会社に営業成績の悪い部下がいたとします。そして、その部下になぜ成績が落ちてきているのか、上司が直接その理由を尋ねようとしたとしましょう。仕事のやり方がわからないので、成績が悪いのか。それとも他に思い悩むようなことがあって、仕事に影響が出てしまっているのか。ひと口に営業成績が悪いといっても、その原因はいろいろと考えられます。営業成績を改善させようと思ったら、どこに原因があるのか、見極めていく必要があります。

こんなときはまず、**オープン・エンドと呼ばれる自由に回答できるような質問からはじめる**のが効果的です。

例えば「最近、ちょっと成績が芳しくないみたいだけど、それについてどう思っているのかな?」といった具合に、「はい」や「いいえ」ではなく、自由に答えられる質問の仕方をするわけです。こうした少し漠然とした質問を投げかけたほうが、相手が本質的な問題を話してくれるケースがよくあります。もしも会社を辞めようと思っていて、モチベーションが下がっていることが原因だったとしたら、意外とあっさり「実は辞めようと思っているんです」と返事がかえって来たりします。

もしも、そんな風に悩みを吐露してくれたら、あとは「どうして会社を辞めたいと思っているの?」などと、そのテーマに絞って、悩みや抱えている問題を聞いてあげればいいわけです。

これを「君の営業成績を上げなきゃいけないと思っているんだけど、営業成績を上げるための方法は何か考えてあるの?」などと、「はい」か「いいえ」で答えるような質問の仕方をしてしまうと、本音を語ってくれなくなります。

「はい」「いいえ」という回答を無視して、「もう辞めたいんです」とは、打ち明けにくいからです。すると、辞めたいと思っている気持ちを聞くことができず、ひょっとしたら事前に打ち明けてくれていたら、問題を解決してその人を辞めさせずに済むかもしれません。だから「はい」や「いいえ」で答える質問をするのではなく、最初はオープン・エンドな質問をすると良いわけです。そのあとは徐々に具体的な質問へと移っていきます。

ただし、オープン・エンドな質問というのは、**自分の気持ちや意見を自由に答えることができますが、かえって答えづらいことも**あります。自分の考えや気持ちをきちんと整理して話せる人ばかりではありません。自分の気持ちを上手く表現できない人もいるでしょう。「いや、思っていることはいろいろあるけれど、まだまとまっていないんです……」ということもあります。

例えば、営業成績が悪いのは、そもそも販売している商品に問題があると思っているのかもしれません。営業する仕組みに不満を持っているのかもしれません。あるいは、会社のブランド力のなさを痛感しているのかもしれません。営業成績が悪い理由を本人なりにあれこれ分析しているかもしれません。でも、上司に質問され、いきなり「考えられる要因は3つですね」とは、なかなか言えるものではありません。

そこで徐々に具体的な質問をして、どんなことを考えているのか、打ち明けやすくしていくわけです。

「例えば、お客さんに商品があまり気に入ってもらえてないとか？」

「例えば、取引先があまり予算を持っていない気がするとか？」

といった具合に、「例えば〜」という言葉を使うなどして具体例を出してあげます。すると、「いやいや、そういうわけではないんです。商品はいつも良いって言われるんですけど、どうしても値段が高いから許可が下りないって言われてしまうんですよね」と、答えてくれるようになっていくはずです。

一度、自由に答えられるようオープン・エンドに聞いて、それから**少しずつ焦点を絞っていくような質問の仕方が良い**でしょう。

極意
25

「みんな言ってる」「会社の方針」では、部下はついてこない

自分の言葉で語ることを避けて、「みんなはこう言っているよ」「これは会社の方針なんだよ」と、他人の意見を借りて自己主張しようとする人がときどきいます。責任を取りたくないから、そのような表現を使うのかもしれませんが、上司としては致命的な表現です。

そう言われた人は必ず「みんなっていったい誰のことですか?」「会社の方針って言われても困ります……」などと、反発するに決まっています。

リーダーは「私は」という主語を明確にして、自分の言葉として語る必要があるのです。部下も人間です。会社の方針だと言われても、やりたくない仕事はやりたくないの

です。でも、それでは会社は回っていきません。

やりたくなくても、上司としてはやってもらわなければ困ります。したがって、上司という立場で部下にやりたくないことを強制的にさせるのなら、それなりの**覚悟と責任が伴わなければ、部下を動かすことはできません**。

リーダーシップがない、決断力がないと部下から上司失格の烙印を押されることになるだけです。

もしも、会社の方針と自分の意見が違うのなら、そのときも「会社は方針は○○だけど、自分自身は××だと思っている。みんなはどう思う？」と、自分はどう考えているのか、きちんと表明することが大切なのです。

ときには、部下に向かってなかなか言いづらいことを伝えなければいけないときもあるでしょう。会社から命令が下ったからやむなく、部下に打ち明けるようなケースもあるかもしれません。そんなときでも、部下が知りたいのは、直属の上司がどう考えているかです。**リーダーなら「私はこう思う」と素直に自分の意見を伝える**ことで、部下を率いていくことが欠かせません。

極意
26

良い報告を受けたからといって結果だけを喜んではいけない

会話の中身は、必ずしも相談事や悩みなど、ネガティブな話題だけではありません。良い報告を聞かされることもよくあります。そんなとき「良かったね！」と声をかけて、一緒に喜んであげる人も多いと思いますが、**喜び方にも注意が必要**です。

「良かったね！」とこちらが一度大きく喜んでしまうと、それ以降、「こないだはあんなに喜んでくれたから、失敗したらひどく悲しませてしまうんじゃないか……。だから、もう失敗できない……」などと、**ネガティブな報告ができなくなってしまう人も**いるからです。良い報告があったときしか、連絡をしてこなくなり、相談事や悩みがあったとしても、打ち明けてくれなくなってしまうわけです。

では、そんなときはどうやって対応すれば良いのでしょうか？　意識の持ち方として、良い報告（＝結果）を喜ぶのではなく、「あれだけ頑張ったんだから、良い結果が出たんだよ」と、その**結果につながった努力を褒めてあげる**と良いのです。

そのように言えば、もし次に失敗しても「失敗だったのは結果だけ」と、切り替えて再び頑張れるようになるはずです。結果が出たことがプレッシャーにならずに済みます。**頑張って努力した相手の存在そのものを尊重する**というわけです。

会社で個人の営業成績に応じて、表彰を行っているようなところもあります。もちろんそれがモチベーションになっているケースもありますが、一度、受賞するとそれがプレッシャーになって、最悪の場合、精神的なバランスを崩して、鬱病になってしまう人もいるのです。結果はあくまで努力のひとつの結果に過ぎないということを強調し、頑張りを認めることで、部下が燃え尽きてしまう危険を避けることもできるでしょう。

極意
27

自分の体験やフィルタを通して、話を聞かないように心がけよう

誰かから相談を持ちかけられたとき、私たちは**つい自分がこれまで体験したことや、経験したこと、あるいは聞いて知っていることなど、いわば自分の中に蓄積されたデータベースを通して話を聞こうとします**。

これはいったいどんな話なのだろう……と、予測をしたり、なぜ相手はこんなことをしたのだろうと想像したり、せっかくだから何かアドバイスができないかと、経験や知識など自分の中にある様々な情報と照らし合わせながら、聞いていくのです。そのほうが効率的で、経験に基づいた説得力のあるアドバイスができると思うからです。

でも、こうした聞き方は、話し手が安全を感じられる話の聞き方ではありません。ア

ドバイスをされることで傷つく人もいますし、自由な方向性に考えることを妨げられてしまう人もいます。

「どうしてこの人はそんな行動を取るのだろう……」

相手を評価している自分に気がついたら、そんな考えをただ脇に置いて、聞くことに徹するようにします。

そんな決して評価を下さず、データベースを通して聞かないという姿勢が、話し手が安全を感じる話の聞き方なのです。**できるだけフラットな気持ちで、相手の話に耳を貸すよう心がけましょう**。

また、自分の体験やフィルタを通さずに話を聞けば、**相談される時間も格段に短くなります**。アドバイスをしたり、余計な質問を挟むから、相手は「わかってくれていないのではないか」と不安を持ち、話が長くなってしまうのです。

ただ話を聞くだけなら、それほど時間はかかりません。

極意
28

どんな話をされても、決して動揺を見せてはいけない

話を聞いていると、ときどき相手が思わぬことを告白してくることがあります。中にはビックリするような衝撃的な内容のこともあると思います。でも、そんなときは**決して動揺してはいけません**。それはあなたに心を許している証拠だからです。

例えば、家族の介護をしている人が生活に疲れてしまい、いっそのこと殺してしまいたいと、告白してきたとします。精神的な疲れから、そこまで思い詰めてしまったのでしょう。つらい介護生活から解放されたいと、普段は胸の奥にしまっている本音を漏らしたわけです。

そんな話を聞いたとき、もし「えっ！」と大きく驚いてしまうと、相手はそれ以上の

ことを話せなくなってしまいます。その先にある深刻な悩みをせっかく打ち明けようとしてくれていたとしても、**相手の驚いたリアクションを見て、話すのを止めてしまう**と思います。

本当はもっと話を聞いてほしかったのに、すぐに言ってしまったことを後悔して、こんなことなら、やっぱり打ち明けなければ良かった……と、落ち込みます。そして、もうこれ以上、心配をかけてはいけないと、慌てて取り繕おうとするはずです。

でも、勇気を振り絞った告白を穏やかに聞いていたとしたら、続きを話そうと相手は思っていたかもしれません。誰にも話したことがない深刻な悩みを打ち明けてくれた可能性もあります。**どんな話をしても、いつも温かく見守ってくれる。そんな安心感が相手に伝われば、きっとどんなことでも話してくれる**と思います。

そして、ある程度まで自分の本音を話したら、気分が落ち着いてきて、相手もすっきりするのです。だから、話を聞くときには、その内容がどんなものであっても、驚かない、不安にならない、動揺しない（あるいは動揺したように見えない）態度が欠かせないわけです。

Lesson 04

相手の心を裸にし、
本音を引き出す
極意

極意
29

何を言うかが大切なのではない。何を言わないかだ

ここまでのレッスンで聞き下手な人の特徴や話を聞くときの心構え、聞き方として
やってはいけないことなど、聞き上手になるための基本を説明してきました。そこでこ
こからは、その基本を活かしながら、相手の心の奥にある「本音」を聞き出す様々なコ
ツ・方法を解説していきたいと思います。

相手の愚痴や弱音を聞いていくことで、本音が理解できることも多いのですが、その
聞き方のコツは大きく3つほどあります。ひとつめは**「不思善悪の心構えで相手の話を
聞く」**ということ。例えば、不倫をしている人から、どうすればいいかという相談をさ
れた場合、「奥さんや子どものことを考えたら、よくないことだよ。いますぐ別れるべ

きだ」と倫理的に価値判断をしたアドバイスをすることもできるでしょう。しかし、**「善悪」にとらわれていては相手の話を聞くことができなくなってしまいます**。聞き手として、ここで相手の話をきちんと聞いてあげることができれば、相手も自分の気持ちに素直になることができ、自分の心の声に向き合うことができるようになります。必要なのは、善悪の判断ではなく、あくまでも**相手の気持ちに寄り添って、しっかりと相手の気持ちや考えを受け止めていく**（＝受容）ことなのです。

前述の「不倫」の相談であれば、例えば、「自分でもよくないことだって思っているんだよね。でも好きな気持ちを抑えるのは難しいんだよね。だから困っているんだね」と、相手の気持ちに沿った言葉を繰り返し伝えていきましょう。

このように相手の思いを言葉に繰り返しながら話を聞いていると、人はなぜか、自然と自分の心に素直になっていきます。ただただ「寄り添っていてくれる人がいる」と心から実感できれば、人は素直に自分の心の声に耳を傾けることができるようになります。そして本当に大切なことは何かということに、自然と気づいていくものです。

ふたつめは「**相手の問題を解決しようとせず、わかろうとする**」ということ。相手の話を親身に聞いていたとしても、相手の気持ちにあわないアドバイスや意見を挟んでしまうと、「私の気持ちなんて理解してもらえないのね……」と、気持ちのズレが生じてしまいます。話を聞いてほしいと思っている人は、相手がどんな姿勢で聞いてくれるのかをとても気にしています。そのような場合は、まず「トラブルや問題を解決しようとしない」という姿勢で相手の話を聞きましょう。**解決ではなく、話を理解しようとする**のです。彼女は悩んでいることを、ただ聞いてほしかっただけなのです。あくまでも相手の現状の気持ちを聞いてあげて、「そうかぁ、とても苦しくて仕方がないんだね」「沈んだ気持ちが続くんだね」と、相手の気持ちを理解しようと姿勢を見せることが大切です。

そして3つ目が「**何を言わないかを考える**」ということ。この考え方やコミュニケーションの方法は、相手の本音を聞き出す方法として役に立つ話の聞き方と言えるでしょう。相手の話を聞いて本音を知りたいと考えたとき、必要なのは「何と言葉をかけて聞き出すか」ということよりも、「何を言わないでおくのか」を考えることがとても重要です。

例えば、学校でいじめにあっている子どものつらい胸の内や悩みを親が聞いているとします。そのような状況でよくありがちパターンが、最初は子どもの話を聞いているのですが、ものの5分もたたないうちに「励ましたい」という気持ちに駆られて、言葉を投げかけていくのです。しまいには「そんなことは気にするほどのことじゃない」「相手に言い返してやるくらいの強い気持ちを持ちなさい」などと、説教のような会話の流れになってしまいます。

もちろん、親としてはかわいい子どものために、いろいろと励ましたくなる気持ちもわかります。しかし、子どもからしてみれば、とにかく今は話を聞いてほしかっただけなのです。これでは子どもは「まったく自分のことをわかろうとしてくれない！」という気持ちがどんどん強くなってしまいます。このようなときは、とにかく子どもの気持ちに寄り添いながら、**余計な口を挟まずに、共感しながら聞き役に徹する**ことが大切です。それだけで、子どもは「自分のことを理解してくれた」と実感し、その悩みについての心の声＝本音の部分に気づき、語り始めてくれるでしょう。そして、解決法や対処法を自分自身で見つけていくはずです。

極意
30

落ち込んでいる相手を無理に励ます必要はない

「あの～、実は最近仕事にちゃんと打ちこめていないんです。何か仕事が手に付かなくて……。やっぱり自分はできない人間なんでしょうか？」

会社の後輩や部下からこんな悩みを相談されたら、あなたならどう答えますか？　後輩・部下のために力になってあげたくて、あの手この手で励まそうとするのではないでしょうか。「お前なら大丈夫だ」「目の前の仕事をがんばっていれば、結果はついてくる」などいろいろな励ましの言葉があります。ですが、このような**「励ましの言葉」を言えば言うほど、相手の本音や素直な気持ちを聞くことができなくなってしまう**のです。

なぜなら、このような相談をしてくる人の多くは、何もそこで具体的なアドバイスをしてほしいわけではないからです。「自分の話を聞いてほしい」「このつらい気持ちをわかってほしい」と、それだけを思って相談してきているのです。**励ましの言葉は逆にプレッシャーに**しかなりません。

では、どのような態度で接していけばいいのでしょうか。また、相談内容の言葉の裏に隠れた本音や、自身でも気付いていない心の声をどうすれば知ることができるのでしょうか。ここで必要なことは、相手が訴えている**つらい気持ち、苦しい気分に寄り添いながら、丁寧に相手の言葉を聞く**という態度で接することです。

カウンセリングの専門用語では、この聞く姿勢のことを「傾聴」（けいちょう）と呼びます。相手のことを無条件に受け入れて、相手の心に寄り添いながら共感して話を聞くという方法です。そこには励ましの言葉は必要ありません。ただ、相手の気持ちや言葉に共感して耳を傾けるという、その姿勢だけでいいのです。

話を聞くときには、普段からこの「傾聴」の姿勢を意識するようにしましょう。それができれば、言葉の裏に隠れた本質的な悩みに話し手自らが気づき、あなたにより多くのことを語ってくれることでしょう。

極意
31

驚くな。喜ぶな。悲しむな。常に3分の1の感情で受け止める

聞き上手になるための心構えのポイントとして、聞き手は「不思善悪の心構えで相手の話を聞く」（話の内容について善悪の価値判断をしない）、「相手の問題を解決しようとせず、わかろうとする」、「何を言わないかを考える」という姿勢が大切だと説明してきました。そこで、今度は相手の本音や心の声を引き出すために大切な、聞き手のリアクションについてお伝えしたいと思います。

具体的な例として、会社での上司・部下のコミュニケーションを例に説明します。例えば、営業成績が悪く長い間落ち込んでいた部下がいたとしましょう。その部下がようやく結果を出したということで、上司である自分にその報告にきました。そのとき、聞

き手の上司としては、どんなリアクションをするとよいでしょうか。「結果を出したことに対して、しっかり褒める」――そう考える人が多いと思いますが、それが実は問題になることが多いのです。

それまで成績が悪く落ち込んでいた部下にとってみれば、上司は自分が出した「結果」を高く評価したと感じます。そうすると、**次も必ず「結果」を出さなければならないという大きなプレッシャーを感じる**ことになるのです。実際にこのような経緯で鬱病を発症する方もいるほどです。

では、どんなリアクションをすれば部下もプレッシャーを感じることなく、今後も仕事に頑張れるのか。それは大げさに「**褒めもせず、叱りもせず。肯定せず、否定せず**」という姿勢で接すること。過大な評価をすることなく、穏やかに接するわけです。具体的なテンションを説明すると、報告してきた相手の**3分の1程度のテンションでリアクションする**のが理想です。そうすれば相手も必要以上にプレッシャーを感じることはないでしょう。

極意
32

「そうかぁ」「そうなんですか」は、魔法のあいづち

あなたは普段、人の話を聞くとき、どのような「あいづち」をしていますか？　あいづちには様々な方法があると思いますが、とくに相手の悩みや不安などを聞いて、相手の話を聞いてあげる必要があるときに、とても効果的なあいづちの仕方があります。それが「そうかぁ」「そうなんですか」という言葉をかけていくことです。

「そうかぁ」「そうなんですか」と、相手が話したことに対して、ありのままを受け入れていく。これは相手に「私の話をしっかり聞いてもらっている」と実感してもらうための、いわば魔法のあいづちと言える言葉なのです。

このように、聞き手の価値観や好みで相手の話を判断せず、「あぁ、そういう気持ち

もあるんですね……」と、相手の気持ちや言葉をそのまま鏡のように受け止めていくことを、カウンセリング用語で「無条件の積極的関心」(受容)と呼んでいます。ここで使っている「無条件」という言葉がポイントで、これは「選ばない」ということ。相手の会話の内容を聞いて、「この部分は大事な話だな」「この話はあんまり重要ではないかな」などと、自分で判断してはいけません。**どの内容に対しても、同じように「そうかぁ」「そうなんですか」と答えていく**のです。

ただ注意が必要なのは、この「受容」の姿勢は決して「肯定」ではないということ。**賛成も反対もせず、「ただ、ありのままに」相手の話を受け止めていく**のです。

受容とは、柔道でいえば受身のようなものかもしれません。受身もできない人間が試合には勝てませんし、大けがのもとです。「本音を引き出す極意」といいながら、この「受容」の聞き方は、ある意味「聞き方」の基本中の基本と言えるのかもしれません。

あいづちの基本であり、極意であるこの「受容」の聞き方を学び、実践できるようになると、「あの人は本当に聞き上手だね。話しているだけでとても気持ちが楽になるね」などと、きっと周りの人から評価されることでしょう。

極意
33

要約するな。言い換えるな。相手の言葉をそのまま繰り返す

聞き上手の方の特徴のひとつに、「あいづちのうまさ」が挙げられます。聞き上手と言われる方々はあいづちを打つ際に、相手が話したキーワードやキーフレーズをそのまま繰り返して言葉に出すのです。

例えば、「最近、仕事がうまくいかなくて……、何をやっても失敗ばかり……」という話をされた場合、あいづちに相手が使ったキーワードをそのまま言葉に出していくのです。この例の場合だと、「うまくいかないんだねぇ」「失敗ばっかりなんだぁ」などと、**相手が話した言葉をそのままを繰り返していきます**。そうすることで、相手は話を聞いてもらっていると実感でき、結果的に相手が本音を話すきっかけになっていくのです。

ポイントは言葉を「そのまま」繰り返すこと。**悪い例として、相手の言葉を「要約」してしまうこと**が挙げられます。具体的に言えば、例えば

パターン1　話し手「なんか寂しい感じがするんです」
　　　　　　聞き手「そうですかぁ、孤独感があるんですね」
パターン2　話し手「私って何やっても駄目なんです」
　　　　　　聞き手「あなたは絶望してるんですねぇ」
パターン3　話し手「何か心臓がバクバクしちゃって」
　　　　　　聞き手「不安なんですね」

というような要約した形でのあいづちの言葉が、それに当てはまります。

要約した言葉を文字にして見るとよくわかりますが、どのあいづちの言葉も、「より深刻な」表現になっていて、とても重い話になってしまっています。これでは相談した相手も、話せば話すほどより深刻で重い気持ちになってしまいます。**寂しいなら「寂しい」と、そのままの言葉を使うことで、相手も安心して話していられる**のです。話を聞く際には、このようにあいづちの言葉にも気を遣うとよいでしょう。

極意
34

大きく。深く。頷きは、オーバーなくらいがちょうどいい

前の項目では話を聞く際のあいづちの「言葉」について説明をしましたが、そのほかにも、相手にいい印象を与え、話を引き出すあいづちの方法があります。それはあいづちのサインのひとつ「頷き」の仕方。コツは**「大きく・深く」頭を動かしながら、しっかりと丁寧に頷く**ことです。

頷きは話し手に対して、「私はあなたの話をきちんと丁寧に聞いていますよ」という意思を目に見える形で伝える重要なサイン。話し手は相手のこのサインを無意識のうちに確認しながら話をしています。したがって、**聞き手のサインが明確だと、話し手も話すリズムがつかめて、気持ち良く話を続けることができる**のです。

頷きは相手の話のペースにあわせて行いましょう。相手と同じか、少しだけゆっくりとしたリズムで、相手よりも少しだけ声のトーンを落とした落ち着いた声で頷いていくというのが基本です。「少しゆっくり」「少し低い声で」頷くことで、相手を落ち着いた気持ちにさせることができるからです。

早すぎるあいづちや頷きはよくありません。話し手にとってみれば、「早く続きを話して」とせかされているような気持ちになったり、話している内容が何かおかしいのか、不安を覚えることになるからです。

とくに初対面の相手や悩みごとの相談に対しては、**少しオーバーなくらいゆっくりと、そしてより大きく、深く頷くのがポイント**です。初対面の場合は、当然ながら聞き手となる自分の普段の話の聞き方を相手が知っているわけではありません。それなので、いつもの自然体のあいづちだと、相手にとって、ちゃんと聞いてくれているのかがわかりづらく、不安な気持ちにさせてしまいがちです。

相手の話を聞くときは、この大きく、深い「頷き」を意識した態度で話を聞けば、相手から話を引き出しやすい雰囲気を作ることができるはずです。

極意
35

敬語で話しつつ、ときどきラフな言葉で距離を縮める

相手との距離をグッと縮めたいときのテクニックのひとつとして、会話中に**ときどき「ラフな言葉遣い」を挟む**という方法があります。敬語をずっと使っていたところで、ほんのちょっとだけ意識的に敬語を使うのを止める。すると、急に距離感が縮まったような気になるのです。もちろんずっとラフな言葉遣いでは失礼に当たるケースが多いと思うので、ちょっとだけ使うというのが、ポイントです。

例えば、相手が「俺はすごくこういう人が苦手なんだよね」と言ったとします。普通は「確かにそれは嫌ですね」といった具合に、同調すると思うのですが、そこであえて**「そんなヤツって〝ふざけるな！〟って感じですよね」**と、同調しつつも、一瞬ラフな表現

を使うんです。すると、その場が急に和んで、距離が縮まったような気になります。

ビジネスの現場でも使えるテクニックですし、さらにこれは異性を口説くときにも使えます。もし相手が目上の方だったり、まだ距離のある相手だった場合に、最初は敬語で話しかけているのですが、ちょっと相手がドンクサイような一面を見せたときに**「お前、いい加減にしろよ！」などと、明るく冗談っぽく突っ込みを入れる**んです。

すると、距離が一気に縮まって、相手がドキッとすることがあります。ドキッとした感情が恋愛につながっていくので、恋の駆け引きが上手な人ほど、こうしたテクニックを使っています。

ビジネスの現場ではタメ口やラフすぎる言葉遣いは難しいかもしれないので、**方言を使うのも方法のひとつ**です。ずっと標準語で話しかけて、ここぞというときに方言で話しかけます。方言は標準語と比べてラフに聞こえますから、同じような効果が期待できます。

極意
36

「オウム返し」には、話し手の考えが整理されるメリットも

プロカウンセラーがよく使う基本的な技術のひとつに「オウム返し」があります。これは相手が話した言葉をそのまま繰り返す、あいづちの一種です。**オウム返しには、相手に気持ちよく会話させる効果や、話し手の考えを整理するという利点が**あります。

理路整然と話すことができる人もいますが、考えがまとまらないうちに話しをする人も多くいます。こういう人と会話するときに、相手の言葉を繰り返し「オウム返し」してあげれば、相手は自分が言った言葉を耳でも聞くことになり、話すうちに自然と考えが整理されていきます。

またオウム返しによって、相手が考えを整理してくれれば、**会話がしやすい相手といっ**

た良い印象を与えることができます。だから的確に「オウム返し」ができるようになれば、どんどん相手のほうから話してくれるようになっているでしょう。しかも、オウム返しは基本的に**相手が話した言葉を繰り返して口にするだけ**なので、話し下手の人にも、簡単にできるようになります。

【オウム返しの例】

Aさん：最近ダイビングにハマっているんですよ。

Bさん：ダイビングですか？

Aさん：そうです。日曜日に伊豆に仲間とよく行くんです。

Bさん：伊豆に行くんですね。毎週ですか？

Aさん：そうですね。ほぼ毎週です。

Bさん：毎週、伊豆で仲間とダイビングをされているんですね。

さらに**オウム返しを使って、相手から答えを引き出したり、話したい話題に誘導していくことも可能**です。例えば「場所」「誰と」「何を」など、相手が話した言葉のどこを選んでオウム返しするかで、会話の流れが変わっていくのです。

極意
37

相手が良い報告をしてきたら、ともに喜んであげよう

話を聞く技術はなにも悩みごとや相談ごとを聞くときだけに必要なわけではありません。普段のなにげない会話から相手の本音を引き出すきっかけを作ることも、「相手の話を聞く」という行為の大切な役割です。その日常会話のやりとりのなかで、聞く技術を活かせる場面のひとつに、「良い報告の上手な聞き方」があります。

心理学のひとつである「アドラー心理学」では、部下や子どもを伸ばし、本音を言いやすい関係作りのためには「勇気付け」が必要だと説いています。「子どもの成績が伸びた」「部下が仕事で結果を出した」という場合に、単純にその「結果」について褒めたりするのではなく、**結果を出すために頑張った「努力」を共に喜ぶことが大切**だとい

うこと。「うれしいよ」という言葉と気持ちを相手に伝えるのです。

例えば、子どもがいつも30分で勉強を放り出しているのに、今日は2時間も頑張ったと親の自分に伝えてきたとします。そのとき、「ほんとに!? 私もうれしいよ!」と、努力したことを一緒に喜ぶのです。

人間とは他人に喜んでもらえるから頑張れる生き物。会社の上司・部下の関係でも同じです。結果を出した部下を褒めるときも、「すごくがんばっていたから、自分もうれしいぞ!」などの言葉とともに、部下と一緒に喜んであげましょう。

この聞き方の言葉のなかにはもうひとつ、大事な要素があります。それは子どもへの返答にも、部下への返答にも、**「私も」「自分も」というように、「一人称」の主語が入っている**点です。これは「私メッセージ」(I message)と呼ばれていて、この主語がともに喜ぶ場合の大事なポイントになります。「あなたが~」という二人称では押し付けがましくなるので、一人称の「私メッセージ」にするのです。

このような伝え方をすれば、自分の気持ちが相手に素直に伝わり、思いやりが生まれるのです。**「ともに喜ぶ」「私メッセージ」、このふたつのポイントを覚えておきましょう。**

極意
38

質問をするなら、どうとでも答えられる質問を

能動的に話を聞くために欠かせないのが、質問です。ではどのような質問の仕方が適切なのでしょうか？

まずは**オープン・エンドな質問をすると良い**と考えられています。**オープン・エンドな質問というのは、どうとでも答えることができるような質問**です。

例えば「どう思いますか？」「こういうときはどんな感じなんでしょうね？」といった質問です。要するに自由回答できるような質問で、別に相手が答えなければ、それでも構いません。

反対に**避けるべき質問は「イエス」や「ノー」で答えるようなもの**です。聞かれた相

手は、答えにくいような質問であっても、必ずどちらかを答えなければいけないような状況に置かれてしまいます。すると、どうしても問いつめられているような印象を相手に与えてしまい、安心して話せる雰囲気ではなくなってしまいます。

「こんな話をしたらマズいかな？」「やっぱりこんな自分はダメだな……」と相手がネガティブに考えはじめると、会話が弾まなくなってしまうのです。もし、オープン・エンドな質問をして、相手が答えに困っているとしても、「まぁ、そんなことを聞かれても困りますよね」などと、**受け流して、簡単に話を次に進める**ことができます。

また、相手が自分を責めて、身動きが取れなくなっているのなら、「それは、あなただけの現象じゃないから」などと、声をかけて話題がそこで立ち止まってしまわないよう誘導してあげると良いでしょう。相手が答えなければ話が進んでいかないような状況に追い込まないことが、本音を引き出していくためには大切なことなのです。

Lesson 05

さらに上手に話を聞くための上級テクニック

聞く技術　話す技術

極意
39

常に目を見て話すより、大事なときだけ目を合わせる

聞き手は話し手のどこを見ながらコミュニケーションをとればいいのか。より深い話を相手から引き出したり、心をリラックスさせて相手の本音を知りたいと考えた場合、この「目線の置き方」もポイントになります。聞き手には、自分もリラックスしながら、さらに相手を注意深く観察する注意力も必要だからです。

アメリカなど、海外で使われているカウンセラーの教材には「アイ・ツー・アイ・コンタクト」、つまり、話し手は自分の目を相手の目にしっかりと合わせることが大切だと教えているものが多いようですが、**日本人はこの「目と目を合わせる」ことが苦手な人が多い**のではないでしょうか。

そんな方にオススメなのが、相手をぼーっと見るという目線の置き方です。基本的なスタンスとしては、**話を聞いている最中は相手の顔全体をぼんやりと見る**ようにします。そして、「この話はしっかり聞いていることを印象付けたい」「ここは自分の話を相手にきちんと伝えたい」というような部分では、そのときだけしっかりと相手の目を見るようにするのです。こうすれば、**自分だけでなく、話し手となる相手も緊張することなく、コミュニケーションをとることができます**。

この目線の置き方によって印象がどう変わるのか、一度友人などに協力してもらって確かめてみることをオススメします。まずは、話し手と聞き手を決めます。話し手は、①相手のことをじっと見つめて話す、②ぼーっと相手の顔全体を見ながら話す、③相手の首元（ネクタイの結び目）あたりを見ながら話す、という3つのパターンで試してみましょう。聞き手はその間相手をよく観察し、自分が感じた印象の違いを話し手に伝えてあげましょう。きっと思った以上に聞きやすさ、話しやすさに違いを感じるはずです。

極意
40

正面に座ると対立の関係に。問い質したいときは正面に

話を聞くとなると、通常は相手の正面に座ると思います。しかし、このように人と相対して座ると、意見が対立しやすくなると言われています。人は目の前に相手がいると、無意識に身構えてしまうからです。

そのため、意見の対立を避ける目的で、悩みを聞くといった深い話をするときには、斜め45度に座って話を聞くというテクニックが存在します。ただし、何か相手に問い質したいことがあるというのであれば、あえて正面を選んで座るべきです。

例えば、**人を叱ったりするようなときには、相手の正面に座るのが一番適しており、あえて対立関係を演出することができます。**相手の目を見て、問いつめれば、逃げ場が

ありません。視線を外してしゃべったり、はぐらかしたりすることが難しくなるのです。斜め45度や横に座っていると、視線を外すことも簡単にできるため、どうしても追求が弱くなってしまいます。叱咤激励しても、心に響かないのです。

ただ、もしも相手から何か情報や悩みを引き出したい場合には、正面に座ることは、あまりおすすめできません。

カウンセラーには「患者と深い話をするときには、絶対に対立してはいけない」といったルールが存在し、あくまでカウンセラーは聞き役に徹すべきだと考えられているからです。

患者がどんな意見を述べても対立するようなことを言ってはいけないのです。無用な対立を避けて、話しやすい雰囲気を作ることが話を引き出すためには一番有効なのです。そのため、正面に座るのを避けるようにし、相手の斜め45度などを選んで座るほうが良いでしょう。

極意
41

話題がセンシティブなときは、自分の体験を先に打ち明ける

少し立ち入ったことを聞かなければならない。きっとそんな状況もあると思います。センシティブな話題を話すときは、まず信頼関係が構築できていることが大切ですが、**言いづらいことを話させるときのテクニックとして、「自己開示」という手法があります**。「自己開示」。つまり、相手に話をさせる前に、まずは自分のことを話すわけです。すると、心理的なハードルがグッと下がり、相手も話しやすくなります。

例えば、営業成績が急に悪くなってしまった後輩に対して、その理由を問いたいとします。そんなときは「私も入社して3年目のときに、すごく営業成績が落ちちゃったときがあったんだよね。そのときは彼氏とゴタゴタしちゃってて……。そんなことがあっ

たんだけど、あなたはどう？」などと自分の体験談を語りつつ、尋ねるわけです。

すると、「先輩にもそんなことがあったんですか！　実は私もプライベートで……」という風に、部下も話しやすくなります。これがいきなり、「なんかプライベートでトラブルでもあるんじゃないの？」と聞いてしまうと、たとえそうだったとしても否定して、本当のことは話してくれなくなってしまいます。

このときに気をつけたいのは、ただの暴露話で終わってはいけないということです。そんなトラブルがかつてあったけれど、**現在はそれを乗り越えたんだという話をする必要**があります。

こうして話している現在もトラブルに見舞われていたら、「そうなんですか！　私もです」で終わってしまいます。この人に相談しても、ムダだと思われる危険性もあります。もし、自分に経験がないことだったら、「実は昔こんな後輩がいてね……」と、他人の事例を持ち出してきて話すという方法もあります。

極意
42

主語を「あなた」から「私」に変え、自分の気持ちを伝える

自分の思いを相手に伝えるのが、どうしても苦手だという人もいると思います。自分の意思を伝えられなければ、本当はやりたいことがあったり、してほしいことがあったとしても、我慢を強いられてしまうことになります。あるいは自分の意思は伝えたつもりでも、なぜか行き違いが生じてしまったり、ときには喧嘩になってしまいます。

そんな人もいるのではないでしょうか？　どちらのケースも上手に自分の気持ちを伝えられていないから起こってしまうトラブルです。

では、どうすれば思いを相手に伝えられるようになるのでしょうか？　どんな話し方が効果的なのでしょうか？　考えてみましょう。

こんなときは**主語を「あなた」から「私」に変える**ことを意識することも有効な手段のひとつです。例えば、家族の中に自分の部屋で音楽を大音量で聞いている人がいたとします。近所迷惑だし、うるさいので、できれば音を小さくしてほしい。そんなとき、あなたならどうやってその意思を伝えるでしょうか？

自分が他人に迷惑をかけていることを知らず、状況が見えていない相手にイライラして、「あなた、うるさいわね！　近所迷惑だから、もうちょっと音を小さくしなさいよ！」などと注意していませんか？

あるいは「ちょっと、音が大きいんじゃないの？　みんな迷惑しているんだよ」と言ったりしてないでしょうか？

本人が「しまった……、大きすぎた」と反省していたとしても、前者のように頭ごなしに「うるさい！　静かにしろ！」と注意されたら、誰だって素直にその言葉を受け取ることができなくなってしまいます。悪いのは音を出していたその人なのだから、どんな風に注意されても仕方がないといった意見の人もいるかもしれませんが、それでは上手な意思の伝え方だとは言えません。

「別にいいじゃねーか！」と逆切れして、反発してくる可能性もあります。その結果、まったく注意を聞き入れてもらえなくなってしまうかもしれません。

また後者のような言い方で注意をした場合には、「そんなにうるさくしてないじゃん。みんなって誰が言ってるんだよ！　連れてこいよ」と反論してくるかもしれません。こちらも素直に受け入れてくれる可能性は低いでしょう。

例として、二つの注意の仕方をご紹介しましたが、それぞれ主語に問題があると考えられます。前者では「あなたがうるさい」と〝あなた〟を主語に注意を行っています。後者は「みんな迷惑している」と〝みんな〟を主語にしています。

「あなたがうるさい」と言われると、相手は**注意や諭されているのではなく、攻撃されたという意識のほうが強くなります**。すると、相手は自分自身を守ろうとします。そのため反発したり、言い訳をしてしまうのです。

また「みんなが迷惑している」と言われると、そんなことを言ってるのは誰なんだ？と尋ねたくなります。**誰に気持ちをぶつけて良いのかわからず、こちらも相手の反発を招く**ことになります。

どちらの言い方にも共通している問題は、自分の意思を伝えていない点です。実際に注意している「私」はどう考えているのか、わからないのです。

こんなときは例えば、「私は静かにしてほしいと思ってるんだよね。できれば音を小さくしてほしいな」などと、自分の意志や希望を伝えつつ、どうしてほしいのか要望も交えて話をすると、相手も聞き入れやすくなります。

要するに話をするときには、**「いったい誰が」「どうしてほしいのか」、その意思を明確にする**のです。そのような話し方をすれば、無用な反発を招かず、聞き入れてくれる可能性が高くなると思います。

会話はコミュニケーションです。どのように話をすれば、より相手に気持ちが伝わるのか。言い方を工夫したり、意識をちょっと変えてみるだけで、問題が解決することが多々あるのです。

極意
43

それは誰の問題なのか、あきらかにする

例えば会社で、新しい事業が上手く行かないとき、上司がみんなの意見を聞こうとしたとします。「どうしてうまくいかないのか、みんなはどう思うんだ？」。何か意見があったら、言ってくれというわけです。

もちろん、上手く行っていないプロジェクトなので、様々な意見が飛び交うと思います。それぞれが感じている問題点があがり、プロジェクトそのものの欠陥、組織や体制の不備に関する指摘、上司のリーダーシップや個人個人の課題や問題が出てくるかもしれません。

不満がたまっていればたまっているほど、いろいろな問題が浮き彫りになっていきま

す。そのような意見交換をすること自体は、非常に意義があると思いますが、議論の焦点が定まらず、**いったい何について話していたのか、いつしか見失ってしまうことがあります**。知らず知らずのうちに、不毛な議論に陥ってしまうのです。ストレス解消のためならいざしらず、それでは時間を浪費するだけです。

個人のカウンセリングでも同じようなことが起こりえます。例えば、不登校をする子どもを抱えた親が相談にやってきたとします。不登校をしているのは子どもなので、学校に行くか、行かないかは本人の問題です。しかし、親は何としても学校に行ってほしい。すると、親の問題として見ることもできます。子どもが学校に行くためにはどうすれば良いのか？　それとも、そんな子どもを抱えた親としてどう振る舞えばいいのか？　どこを焦点にするかによって、話し合うテーマも変わってきます。

何をどうやって解決するのか？　目的を見失わないよう、**常にその問題が誰の問題なのか、明らかにしておく必要がある**のです。それが建設的な議論をするためには、欠かせないことです。

極意
44

言い訳をすべて聞いたあと、解決策を繰り返し尋ねる

例えば、「部下が最近、遅刻が多い」という問題を解決しようと思ったとしましょう。ただし、その部下は何度叱っても、一向に改善しないのです。そこで直接本人と面談すると、出てくるのは言い訳ばかりで、議論がなかなか前に進まない。そんなこともあるでしょう。

こんなときはどのようにコミュニケーションを取っていけば、問題解決へとつながっていくのでしょうか?

まずは言い訳をすべて聞くというのもひとつの方法です。なぜ遅刻してしまうのか?その理由を聞いてあげるのです。道が混んでいた。電車が止まった。帰宅時間が遅くて

睡眠時間が足りない。疲労がたまっている……。いろいろな言い訳や意見が出てくるでしょう。中には真剣に解決するべき問題を指摘してくれるかもしれません。

そして、すべての言い訳を吐き出させたあと、「じゃあ、どうすれば遅刻をなくすことができるのか」、何度も相手に問うのです。

「一緒に考えてみよう」と提案してみるのもいいと思います。途中で「もうしません」と謝罪してきても、感情に流されず、**あくまで改善策を求めていきます**。

このようなケースでは**結論をうやむやにしてしまうと、それで許されたと思って、また同じミスを繰り返してしまう**のです。結局、再び遅刻を犯してしまう可能性が高いと言えます。そのため、**何度も改善策を求めて、相手のほうからその提案があるまで問い続ける**のです。自分から今度からこうしますと、改善策を出させることでようやく解放します。

自分で改善策を出させて、それを守らせる。ときには甘えを絶対に許さない、そんなコミュニケーションを取ることも必要です。

極意
45

相手を褒めるのなら、結果ではなくプロセスを褒めよう

褒めるのも、褒められるのも苦手……という人も多いと思いますが、褒めることは、とても重要なコミュニケーションのひとつです。ただし、**男性と女性では褒められるとうれしいポイントが違う**ケースが多いようです。

男性を褒める場合には、努力を褒めると喜ばれることが多いものです。例えば、結婚している男性は妻から「もっと家事をやってちょうだい！」と言われると、頭にくる人が多いのではないでしょうか？

「自分は仕事をこんなに頑張っているのに……」と憤りを感じてしまいます。

男性はその頑張り、努力を褒めてほしいのです。もちろん男性は成果を褒められるの

も好きですから、上手にできたことも褒めてあげると良いでしょう。

基本的に褒められるのが、男性は好きなので、醤油を取ってくれたら「本当やさしいわね」とか「助かったわ」と言って、小さいことでも褒めてあげると、どんどんやる気になっていきます。

対する**女性は、自分という存在を褒めてほしい**、というケースが多いです。人間としての価値を褒めてほしいと考える傾向にあります。「他の誰でもなく、君じゃないとダメなんだ！」と言われると嬉しいのです。ＤＶなど虐待的な関係から逃れられない女性にも、この心理がよく見られます。

もし、奥さんを褒めるのなら、「子育てを頑張ってくれて、いつもありがとう」とねぎらうのではなく、「君がいてくれるから、家が太陽のようなんだね」などと、褒めた方が喜ばれると思います。子育ての感謝だけだと「私は子どもを育てるだけの存在？」などと思われてしまうこともあるのです。バラの花束を送るなど、ちょっとわざとらしいと感じるようなことをしても喜んでくれるのは、やはり自分という存在そのものを褒めてもらっていると感じるからです。

極意
46

アドバイスは絶対にＮＧ。相手が求めるなら、情報を提供

ここまでに何度か、話を聞く上で、アドバイスすることが実はＮＧであると、指摘してきました。アドバイスには、相手の現状を否定するニュアンスが必ず含まれます。もっとこうしたほうが良い結果が出るかもしれないよ？と、いまのままのあなたではいけないと諭すことになってしまいます。

いくらそのアドバイスが正しくても、繊細な人は自分の存在を否定されたのだと感じてしまい、深く傷ついてしまうことがあります。だからアドバイスはすべきではないのです。

また相談してきた人に対して、**安易にアドバイスをするような人は自己満足でしてい**

ることがほとんどです。

相手の悩みときちんと向き合い、理解を深めていくことに心を砕いてきたわけでもなく、適当にアドバイスをすることで早々に話をやめて、できるだけ早くその場をやり過ごそうとしているに過ぎません。

相手が困っているという状況に自分自身が不安を感じてしまっていて、その不安を解消しようとしてアドバイスすることもあります。

アドバイスしている自分に酔っているだけということもあります。

でも、そのように言っていても、「では、相手が求めてきたら、どうするんですか？」といった質問をされます。

実はアドバイスを求めてくる人の多くが、ただ話を聞いてもらいたいだけで、聞いてあげれば満足するものです。

「ちょっと話を聞いてくれませんか？」とは言いにくいので、「あなたの意見を聞かせてほしいんだけど……」などと話しはじめるのです。

それでもアドバイスがほしいと相手が望んでいるのなら、もちろん自分の意見を言っても良いのですが、その場合、それを中立的な「情報提供」という形にすると良いでしょう。

アドバイスするのではなく**情報提供を行うためには、自分の心に注目する必要があります**。

「この人はこうすれば良いのに」
「どうしてこんなことに気づかないんだろう」
「なぜもっと考えて行動ができないのだろう」
など、自分が相手を変えたいという動機を持ってすることであれば、それは情報提供ではなくアドバイスです。

一方、相手のありのままを認めた上で、求められるような話をするのであれば、それは情報提供になります。

相手を助けてあげたいという思いは基本的には善意なのですが、それもアドバイスにつながる可能性があるので要注意です。

相手は助けてあげる必要のある無力な存在ではなく、自分で正解を見つける力のある存在なのだ、と**相手をきちんと信頼することが、アドバイスを避けることにつながる**でしょう。

極意
47

会話がスムーズに進んでいく「伝え返し」という技術

相手の話を聞きながら、相手が本当に必要としていることや本音を探っていく――これは聞く・話すというコミュニケーションにおいて、かなり高度なスキルのひとつと言えるでしょう。

このようなコミュニケーションの手助けとなる聞き方があります。それが「伝え返し」という方法です。これはカウンセリング用語で「リフレクション」と呼ばれていて、カウンセリングの基本技法のひとつとされています。

「伝え返し」とは相手の話のなかで、**もっとも気持ちが込められている言葉を聞き手がくみ取りながら、「あなたはこんなことを言いたいんですよね」などの言葉を投げか**

ける。そして、ゆっくり丁寧に繰り返し確かめていくのです。ここで「伝え返し」を使った具体的な会話のやりとりを紹介しましょう。友人同士の会話になります。

話し手「つい最近、友達と海外旅行にいったんだけど、なんか予想していなかったことがあって、なんかすごく楽しかったんだよね。なんていうのか、日本だと感じられないっていうか～、こんなことってあるんだって感じ」

聞き手「思った以上に楽しかったんだね～」

話し手「そうそう！　とにかく楽しかったんだよ。予想外のことが多くてさ～」

聞き手「なるほどね～。予想外のことがいろいろ起ったんだね」

このように、相手が伝えようとしていることが漠然としていたとしても、その核となる輪郭を捉えて、それを確かめるように言葉にして伝え返していくのです。このような聞き方を続けていくと、相手は「この人は自分のことをすごくよくわかってくれているんだなぁ、話していて楽しいなぁ」という感情を持つようになり、話がどんどん盛り上がっていきます。

ここで紹介した具体的な会話は日常の何気ない話でしたが、この「伝え返し」の技法を使えば、会話の内容が家庭内の深刻な話であっても、ビジネス上の悩み相談の現場でも、同じような効果を発揮します。このような会話のやりとりを続けることで、相手も心を許すようになり、例えば、誰にも打ち明けていない本音の話をしてくれる、という展開も期待できます。

この技法を身につけるための二人三脚での練習方法について、ここで簡単に紹介しておきます。伝え返しのトレーニングを行う際には、最初は「短く」行ったほうがよいでしょう。次のようなやり方でぜひ練習してみてください。

①話し手が30秒～40秒ほど、区切りのいいところまで話す。話の内容は短めに。例えば「今仕事でちょっとときになること」など。出来事の説明ではなく、自分の感情を大切に話す。

②聞き手は「あなたがいっているのは○○ということなのかな?」という姿勢で、できるだけ短く「伝え返し」をしていく。

③話し手は聞き手が伝え返してきた内容を自分の心の中で一度受け取り、「どのあたりが自分の気持ちにピッタリで、どのあたりがズレているのか、どの説明が短いのか、長いのか」を伝えていく。

④1～3までを繰り返し行い、話し手が「そうそう！　そういうことが言いたかったんだよ！」という感じを得られるまで繰り返す。

⑤その段階で一度お互いのやり取りを振り返る。

大切なポイントは**重要なキーワードを繰り返すときに、ただ繰り返すのではなく、そのキーワードや言葉の言い回しが相手の気持ちにあっているか、「確かめるように」伝えていく**ということです。

話し手が伝えようとしている気持ちの核となる部分を感じ取って、「あなたが言っているのは（感じているのは）○○ということなんでしょうか？」というスタンスで言葉を繰り返していくのです。こちらで理解していること、受け止めていることを話してに「伝え返して」あげて、相手に確かめてもらうのです。

プロのカウンセラーでもこの技法を習得するのには時間がかかるものなのですが、日常会話のなかで、この「伝え返し」の内容を知っているだけでも、聞く技術、話す技術は向上していくはずです。家庭内で、友人同士で、またビジネス現場でこの「伝え返し」をぜひ意識してみてください。

Lesson 06

思いや情報がきちんと伝わる、上手に話すためのコツ

聞く技術　話す技術

極意
48

上手に話そうとすると失敗する。関係を築く意識が肝心

上手に話そうと思えば思うほど、緊張が高まって、上手くしゃべれなくなってしまいます。とくに人前で話すときには、良いところを見せようと思うため、緊張します。なぜ緊張するかといえば、**上手に話そうとする意識が強すぎる**からです。

別に上手くしゃべろうとしなくてもいいんです。沈黙があっても良い、言葉につっかえてしまっても良い。誰もそこまで気にしません。

それに話すという行為は、コミュニケーションです。一方通行のものではなく、**話し手と聞き手がいてはじめて成立するもの**です。だから上手く話せたから○。上手くまとめられなかったから×。そのような○か×かで判断できるようなものではありません。

あくまで関係が築けたかどうかが重要なのです。

そして、関係というのは、一方の出来不出来で決まるものでもありません。**話す人と聞く人が、協力して少しずつ積み上げていくブロックのようなもの**です。

こちらが積んだつもりでも、相手が受け取ってくれなければ積んだことにはなりません。また、こちらが上手く積めなかったと思っても、相手が拾ってくれれば積んだことになります。お互いが協力して築いていくものです。もしも上手く積めなくても、また次は積んでくださいねと、思えばいいんです。

今日はフットサルの話が聞けましたね。だから次は、もっと別の話をして積み上げていきましょうという感じで、ちょっとずつ前進していければいいわけです。

会話とはそういうものと考えれば、緊張も少しは解れてくるのではないでしょうか?

まずはそんな意識改革からスタートさせることが肝心です。

極意 49

弱音を吐くことは、厳しい時代を生き抜くためのスキル

高ストレス社会と言われるゆえんなのか、現在、仕事のストレスや人間関係の悩みなどが原因で鬱病になり、時には自殺まで考えてしまうような中高年が増えているようです。リーマン・ショックを皮切りに発生した世界的経済不況により、日本でも多くの企業が倒産の憂き目にあい、たび重なるリストラも行われています。このような状況が鬱病などの精神疾患を引き起こす原因になっていることは、ほぼ間違いないと言えるのではないでしょうか。

鬱病になりやすい人というのは、実は真面目で几帳面な性格の人が多いと言われています。そのほかにも、「完璧主義者」「なんでも自分のせいだと責めてしまう」「他人の

目を気にして気を遣う」などの性格の方が多いようです。また、このような性格の方は、多くの場合、弱音を吐いたり、人に助けを求めることが苦手です。

このような人のことを心理学では、「被援助志向性」が低い人と呼びます。被援助志向性が低い人とは、他人に助けを求めることができない人ということ。カウンセリングの現場では、このような人たちにいかにカウンセリングを受けに来てもらえるようにするのかが大きな課題となっています。

弱音や愚痴を他人に言える＝被援助志向性が高い人というのは、必要に応じて人に助けを求めることができます。それはつまり、これからの厳しい時代を生き抜いて、人としての幸福を維持していく重要な能力・スキルのひとつだと言えるでしょう。

具体的に言えば、例えば、必要であれば精神科などで診療を受けたり、カウンセリングを受けにいく、精神的にまいっていると感じたら、一定期間仕事を休む。つらいこと、不安なことがある場合は、自分ひとりで抱え込もうとせず、身近な家族や友人、恋人に積極的に「弱音」や「愚痴」を聞いてもらう、などの行動です。

とあるテレビ番組で倒産した企業の元社長さんのうち、立ち直ることができた人とできなかった人の違いを分析した結果が紹介されていたのですが、一番の違いが「配偶者（夫・妻）につらい気持ちを伝えたり、愚痴や弱音を吐くことが日常的にできていたかどうか」だったのです。当然ながら、立ち直ることができたのは、弱音や愚痴を吐くことができた方々でした。この事例も人が生きていく上で被援助志向性の高さがいかに重要かということを物語っています。

とはいえ、現在、妻や夫という配偶者がいないという人もいるでしょう。そのような人は**「普段はあまり会わない人」に弱音や愚痴を聞いてもらう**という方法も有効な手段です。学生時代の友人や、同じ趣味を持つ人の集まりなど、直接利害関係がない仲間であれば、妻（夫）や会社の同僚・上司には言えないようなことも、素直に話すことができて、意外に気分が楽になったりするものです。そのような対象の延長線上に「カウンセラー」がいるとも言えるでしょう。

そのほか、匿名性が確保された空間、例えば電話相談やインターネットの掲示板などへの書き込みも有効な手段です。リアルに顔をあわせることなく、個人が特定されない「匿名性」が確保されているおかげで、気軽に愚痴や悩みを相談することができ、これがよい影響をもたらすこともあります。**愚痴や弱音を言うことは決して恥じるべきことではありません。**

家庭での話をすれば、大事なことは家庭内で弱音を吐ける習慣を作るということです。夫婦同士で弱音を吐く時間を作るという習慣も良いでしょう。例えば妻が夫に、「あなた、何かつらいことなかった?」と声をかけます。夫は「今日、部長がさ〜……」とその日あったことの愚痴を話します。妻はそれに対して、「そう、それはつらかったわね〜」などと話して、きちんと聞いてあげます。次は妻の番です。「わたしもPTAでこんなに大変でね〜……」と今日あった嫌なことを夫に話します。お互いが5分ずつ話すなど、ルールを決めておくのもいいでしょう。

親同士でこのような習慣ができていると、子どもにも良い影響を与えることができます。例えば、いじめられている子どもが心配かけるからと我慢して弱音が吐けないでいると、自殺してしまう危険性もあります。ですが、親同士で愚痴や弱音を言いあう習慣ができていると、子どももそれを見て、「なんでも言っていいんだ」と感じて、親に積極的に相談してくれるようになるでしょう。

極意 50

自分がどう見られるか?より、どう話を伝えるのかが大事

上手に話そうと思えば思うほど、緊張が高まって、上手くしゃべれなくなってしまうと言いましたが、例えば大勢の前でのスピーチや、プレゼンテーションをする場合、「どうやったら相手に伝わるんだろう?」と考えるようにすれば、緊張が和らぎます。

話し方ではなく、話の伝え方・伝わり方に意識を向けるわけです。どういう内容、どんな構成にすれば、伝えたいことを聞いている人たちに届けることができるのか? 自分の話し方ではなく、**相手に伝わっているかどうかに集中する**ことで、とくに緊張せずに、うまく話せるようになるのです。

相手に伝わっているかどうかに意識を向けるのは、面接などでも同じです。ほとんど

の面接で自己アピールをしてくださいと言われます。このとき多くの人は、自分の長所を一生懸命に面接官に向かって話そうとします。**自分のどんな一面を語れば、アピールになるのか、そこに着目します**。

でも、そういう人に限って印象には残らないものなのです。その人の考える長所が、必ずしも面接官から見ても長所として映るかどうかはわかりませんし、それ以上に問題なのは、一般に、**「自分の長所を一生懸命に話そうとする姿勢」が、あまり好ましく見えない**場合が多いということです。

したがって、自分を良く見せようと頑張っている人よりも、面接官に「人間性がすばらしい」と思わせる人の方が、良い印象として記憶に残ると考えられるのです。面接の場もひとつの人間関係なのですから、人間同士のやりとりがあった方が好印象を残して当然ですし、好印象を持つ人の方が採用されやすいのは当然でしょう。

どう見られているのか？　よりも、どう伝わっているのか？に注意すべき理由はこんなところにあります。

極意
51

面接での自己アピールは、「相性の良さ」を伝えよう

新卒や中途を問わず、多くの面接で自己アピールを促されますが、正直言って苦手だという人も多いのではないでしょうか？　自分をアピールしてと言われても、何をどう語っていいのか良くわからず、要領を得ないまま持ち時間が終わってしまう人もいます。中でも一番やってしまいがちなのが、額面通り、自己アピールに終止してしまう人です。自己アピールという言葉に惑わされて、長所など自分のことばかりを語ってしまうのです。でも、実はそれは間違った対応です。

自己アピールで伝えるべきことは、自分がどんなに優れた人間なのか、ではなく、その会社と自分がいかに〝相性が良い〟か、です。

例えば、留学経験のあるカウンセラー志望者が「ハーバード大学で○○の勉強をしていました。語学も堪能です。それに向こうの有名なドクターとの、こんなネットワークも持っています」と語ったとします。コミュニケーション能力が高そうな印象を受けますし、悪くないような気もします。

でも、その機関や企業が語学力を必要としておらず、海外への展開にも消極的だったとしたら、面接官はまったく評価してくれず、印象にもあまり残りません。その人にとってみれば、一番のアピールしたい点だったのかもしれませんが、面接官が知りたいと思っていることとズレているわけです。こんなことは往々にしてあります。

面接官は「社風にあった人間なのか？　日々の業務を手助けしてくれるスキルを何か持っているのか？」といった視点で、志願者を見ています。

だから**過去の実績や長所よりも、自分が会社にとっていかに必要な人材なのかを語り、相性の良さをアピールする**ことが大切です。つまり面接での自己アピールの時間はマッチングを行う場なのです。

そして、**相性の良さをアピールするためには、事前のリサーチが欠かせません。**面接に向かう会社のことを徹底的に調べあげておく必要があります。

どんな社風なのか？　どんな人たちが働いているのか？　主力の事業やサービスは何なのか？　他社と比べてどんな優位性があるのか？　そして、今後はどんな事業展開が予想されるのか？

もしも、会社に採用されたとしたら、自分のどんな面を生かすことができるのか、それを考えるわけです。当たり前に聞こえるかもしれませんが、面接を受ける会社のホームページすら見ない人もいます。事前に調べていたとしても、表面的な情報しか確認していない人もいます。

でも、本気で採用されたいと考えているのなら、そんな態度は絶対にありえません。少なくとも会社の代表者が話していることや、企業理念の中でよく出てくるフレーズなどはしっかりとマーキングしておくべきです。

詳しく掲載されていなければ、事前に面接官に尋ねるのも、ひとつの方法です。

「企業理念の中に、社会貢献という言葉が書かれてましたが、具体的な中身を教えていただいてもよろしいですか？」

などと聞き、その中で自分がいかに貢献できるのかということを考えるわけです。

「御社が新入社員や中途採用者を採用するにあたって、一番望んでいること、期待していることを教えてもらってもいいですか？」

と率直に聞いてしまうという方法もあります。面接官からの回答で〝積極性〟が求められていると感じれば、自分の積極的な一面が伝わるエピソードを交えながら、話せばいいわけです。

自分を闇雲にアピールするのではなく、自分とその会社との共通点を探す意識が大切です。ただ、もし共通点がなかったからといって、自分を必要以上に飾ったり、嘘をついてはいけません。話が大げさになれば、面接官は「本当にその能力がうちの会社で役立てられるのだろうか……」などと、疑問が芽生えてきてしまいます。あくまで誠実に自分のことを語りつつ、相手が望むポイントと一致させていくことが必要なのです。

極意 52

「好き」と告白する必要はない。ひたすら褒めればいい

好きな相手に思いを伝え、愛の告白をする。そんな場面でも、どう気持ちを伝えるのか、話し方が肝心です。

告白するとなると、「好き」などといった言葉を使って思いを伝えたくなりますが、実は**相手を褒めることのほうがより効果的**なのです。相思相愛で相手も自分のことを意識していたのなら、「好き」と伝えるのも良いかもしれません。

でも、そんな相手でないのなら、自分がどんなに愛しているか、好きなのかをアピールしてもあまり効果がありません。

むしろ、あまりよく知らない相手やそれほど親しくない相手から「好きです！　付き

合ってください！」と言われると、引いてしまうだけです。それよりも、例えば「いままで会った女性・男性の中で、あなたは一番すばらしいと思うんです」と褒めたほうが、心に響きます。

好きというのは一方的な感情です。だから、好きでもない相手から「好き」と告白されても「だから？」とあまり関心が持てません。褒めるというのも一方的な行為なのですが、こちらは評価です。良いところを挙げてくれているだけで、相手の気持ちをぶつけられているわけではないため、受け入れやすいと言えます。

しかも「まだ何回かしかお会いしていないんですけど、あなたって〝私の中では〟とても素敵な人なんですよね」とか、「あなたってちょっと他の人とは違って魅力的なんですよね、〝僕にとって〟」と言った具合に、**〝私は〟〝僕は〟という言葉を添えて、自分にとってあなたは特別な存在であることを伝える**と、好意を持っていることが十分に伝わります。

「買いかぶらないでちょうだい」と口では恥ずかしがってそのように言っていたとしても、内心は絶対に嫌な気分ではないはずです。褒められて引いてしまう人はあまりいないと思います。

また褒めるときには誰もが認めている点ではなく、**他の人があまり指摘していないポイントを見つけて、そこを褒めてあげるとさらに効果的**です。例えば、とてもイケメンで、女性からも頻繁に告白されている男性がいたとします。その彼に「かっこいいですね」「素敵ですね」と褒めても、それは褒めたうちに入りません。いつも言われていることなので、あまりうれしいと感じません。

でも、「あなたって意外と繊細で優しいところがあるよね」「思ったよりも気配りができて、頼もしいよね」などと、あまり誰も指摘しないポイントを褒められると、とても気分が良いのです。これは女性も同じです。すごくキレイな女の子に「美人ですね」「かわいいですね」と褒めている男性は多いのですが、そんなセリフはきっと何度も言われたことがあります。だから心に響きません。それでは彼女を振り向かせることは、難しいでしょう。

「すごくセンスが良いよね」「気配りができて素敵だね」などと、言われたほうが、「この人はしっかりと内面を見てくれているんだ」と内面を評価してあげると、彼女もうれしくなります。とくに、自分では長所だと思っているけれど、誰も指摘してくれないところを褒めてあげられると、「なんでわかったの？」と相手は評価されたことをうれしく思い、非常に良い印象を与えることができるでしょう。

キレイな人やかっこいい人ほど、外見で判断されることが多くなりがちで、本人もそのことに不満を持っているケースがよくあるからです。だからしっかりと内面も評価していると、相手に伝われば、すごく上手くいくと思います。

そもそも人を褒めるということは、意外と難しく、相手をしっかりと見ていなければできない行為です。相手のことを知らずに適当に褒めたとしたら、「いや、ぜんぜんそんなことはないから」と不快な思いをさせてしまうだけです。

的確に褒めてあげることで、自分の良い面をきちんと評価してくれる特別な人と認識してくれるようになります。

極意
53

恥ずかしがらず、好意があることを丁寧に表現すれば恋愛は成就する

採用の面接でも、恋愛でも、一方的に自分の良いところや好きな気持ちを相手に伝えようとするのではなく、**相手のことをよく観察して、何を求めているのか、どんな面が自分と相性が良いのか、見極める**ことが大切です。

そうでなければ、あなたにまだ興味を持っていない相手を振り向かせることはできません。成功するためには、「あたしはあなた（御社）が好きなんです」とアピールすることにだけ夢中になるのではなく、丁寧に伝える努力をすることが欠かせません。

強く興味を持つことは誰でもできますが、相手との接点を見つけることに時間をかけられる人は少ないのです。

接点が見つかったら、「好き」だと伝えるのではなく、褒めてあげることで好意を伝えるようにします。「他の人はどういうかわからないけれど、自分にとっては非常に魅力的にうつっている。素敵だと思う」など。

このような言葉で丁寧に好意を伝えていけば、知り合って間もない相手や、密かに好きだった相手だったとしても、あなたの思いは伝わると思います。

上手く話そうとすれば、緊張してしまいます。一か八かのコミュニケーションではなく、人間関係を「築いていく」意識が恋愛でも大切です。ブロックを積むように、相手の一手一手に目を配らせる。ときには積んでくれないときもあると思いますが、相手にも事情があります。それは仕方がありません。

それでも少しずつ関係を築いていけば良いのです。すぐに結果がでなくても、次の機会にまた関係を築いていけば良い。そんな少し気楽な気持ちで臨むと案外上手くいくかもしれません。

極意
54

緊張するスピーチでは、ひとりに問いかける意識で

朝礼やプレゼンテーションなど、大勢の前でスピーチや発表をしなければいけないことがときにはあります。プライベートでは結婚式の挨拶などがそうです。普段はおしゃべりな人でも緊張するようなシチュエーションです。話すのが苦手な人にとっては、かなり苦痛ですが、上手に断ることができない場合もあります。では、大勢の前で話をするときには、どうすれば緊張することなく、上手く話をすることができるのでしょうか？

緊張で頭が真っ白になって、しどろもどろになってしまうこともあります。しかも、スピーチはひとりで一方的に話をするため、大勢の前で話をするプレッシャーに加えて、会話のキャッチボールができずに、話がしにくいといった難しさもあります。

ただ、少人数を相手にした朝礼でも、何百人もの聴衆が聞いているような講演でも、**目の前にいるひとりの人間と会話するような気持ちで話すと、言いたいことが伝えやすくなります**。

例えば、一番後ろに座っている誰かひとりをターゲットに決めて、顔を見ながら、まるでその人に語りかけているように話をするわけです。10人でも、100人でも、**1000人でも、一番後ろの人の表情を見ながら、その人に向かって話しているような感覚でスピーチ**します。

もしも、遠すぎたり会場が暗くて、表情が確認できなかったとしても頷く様子などは、頭の動きでわかります。一番後ろの人に向かって話せば、当然、その手前にいる人たちにも語りかけているように見えます。緊張と恥ずかしさで、下を向いてぼそぼそと話してしまうようなこともなくなると同時に、聴衆の人たちは自分に向かって話しかけてくれているように感じられるため、真剣に話を聞いてくれるようになります。

1000人の前で話をしなければいけないと考えたら緊張も大きくなりますが、同じ状況で**1000人の中にいる、あの特定のひとりと話をすればいいんだと思えば、あま**

り緊張しなくなるのではないでしょうか？　気分もかなり楽になると思います。

また、スピーチの途中でときどき「皆さんはどう思われますか？」などと、会場にいる人たちに問いかけるのもひとつの方法です。

例えば、子育てをテーマにしたスピーチをするとします。そんなときに「子育てをしていて、子育てなんてもう嫌だと思ったことが、一度くらいはあるんじゃないでしょうか？」と会場に尋ねると、頷く人が何人かいると思います。そこで「ですよねー」と、会場を見回しながら、反応してあげます。

そして、「今日は皆さんのその『一回くらいの育児を放棄したい』と思ってしまった育児ストレスを、どうやってコントロールしていくのか。子どもと良い関係を築いていくには、どうすればいいのかということについて、お話ししたいと思います」などと、続けると、一回は考えたことがある話題なので、「あ！　それ知りたいかも」と真剣に話を聞く準備が整います。

それを「今日は子どもとのコミュニケーションを心理学的観点から分析したいと思います」と、一方的に話しはじめてしまうと、あっという間に寝てしまいます。

話を聞いている人たちは、**問いかけられると、自分のこととして考えてくれるようになる**のです。そして、誰も返事をしてくれなかったとしても、ちゃんと頷いてくれていたり、小さなあいづちを打ってくれたりと、ちゃんと話を聞いているというサインを出してくれるのです。

さらにあいづちに対して、「そうですよね〜」などと返事をしてみても誰かと会話しているかのような気分になり、話がスムーズに進んでいきます。緊張感もきっと和らぐはずです。

「ためになった」「自分のことを語ってくれてたみたい」といった聴衆ひとりひとりに語りかけるようなそんなスピーチができれば、かなり満足して帰ってくれると思います。

極意
55

話がまとまらない…。そんなときは、言いたいことを3つに整理

スピーチをすることになったけれど、話を上手にまとめることができない……。そんなときはどうすれば良いのでしょうか?

レジュメなどに話すことを、全部まとめてしまうことはあまりおすすめしません。話すことを全部書き出しておけば、緊張して話すことを忘れてしまうといった失敗をする恐れは減りますが、一言一句、紙に書いたセリフを読んでいては、聞いている人たちも退屈してしまいます。

できれば、あまり事細かに書くのではなく、**柱のような大まかな枠組みだけをメモしておくようにします**。会場に行ってみたら、あらかじめ想定していた年齢層や職業と違

うといったこともあります。そのため、できるだけ柔軟に対応できるよう準備しておいたほうが良いでしょう。

また話す内容は、**大きく3つくらいにまとめておくと、話が膨らんだり、脇道にそれてしまっても、軌道修正しやすくなります**。緊張で話を忘れても、3つの柱くらいなら思い出せると思います。

さらにスピーチの最後に「今日皆さんに言っておきたかったことは、3つのコミュニケーションのスキルです。ひとつは相手を褒めること。次に気持ちをちゃんと表現すること。そして、1日1回は声を出して笑いましょう。この3つだけでも、覚えて帰ってください」などと、**全体をまとめるようなコメントで締めくくる**と、何を話したのか、改めて振り返ることができるので、印象に残りやすくなります。

あとは話を要約する力があれば、どんな状況でも臆せずスピーチできると思います。

極意
56

評価すると相手の怒りを引き起こす。どうしてほしいか伝えることが大切

デートの約束をしていたけれど、急な仕事が入ってしまったので、恋人に頭を下げて、デートをキャンセルすることになったとします。本当に申し訳ないと思っているけれど、仕事なので、どうしようもありません。

そんなときに相手から「いつも、あなたは仕事ばかり優先して。私と仕事のどっちが大事なの」などと言われたとしても、答えようがありません。

「こっちの事情も知らないのに、そんなこと言われる筋合いはない」とか、「どうして理解してくれないんだよ」とカチンとくることもあるでしょう。

あるいは、「最近、遅刻ばかりしてるし、デスクも汚いし、服装も乱れている。だか

ら君は仕事ができないんだよ。たるんでるなぁ」と、たまたま電車が遅れてしまって会議に間に合わなかっただけなのにもかかわらず、上司からそんなことを言われてしまったとしましょう。

「もちろん遅れてしまったことは反省しているけれど、遅刻は俺のせいじゃないし、きちんと遅れることを電話ですぐに報告していた。それに仕事が忙しいのは、あなたが仕事を押し付けてくるからじゃないか！」

などと、無神経な上司にイラ立つこともあると思います。

事情も知らずに、**決めつけようとしてくる相手には、反発したくなる**ものなのです。また、無関係なことを持ち出してきた相手が、こちらを評価しようとすると、怒りは強くなります。**人を評価するという行為には、常に相手の今を否定しかねず、攻撃を加える可能性を含んでいる**からです。

だから、もしあなたが先ほどの恋人や上司の立場だったとしたら、「自分がどういう評価を下しているのか」を伝えようとするのではなく、あくまで**自分はどういう気持ちになっていて、「どうしてほしいのか？」**といった、こちらの事情を伝えることが大切なのです。

私は残念に思っているので、こうしてほしい。このように**相手を評価するのではなく、要望を伝えることに専念**すべきです。

そもそも怒りというのは、お互いの期待がズレることで生じるものです。

つまり、「あなたには、本当はこうしてほしかったのに……」という期待と事実が大きく違うと、「なんでこうしてくれなかったんだ！」と、その不満が怒りにつながるわけです。

例えば、お店で買った商品が自分が期待していたような性能のものでなかったとしたら、「返品したい」「言っていたことと違うじゃないか！」と怒りが湧いてきます。それが期待のズレです。

また、期待に応えてもらうためには、**主語を「私」にして、自分の希望を伝えるようにすると効果的**です。

例えば、先ほど挙げたデートをキャンセルしなければいけなくなったシーンで言えば、自分の失望を彼に伝えるために、「どうして〝あなた〟はいつも……」と〝あなた〟

を主語にするのではなく「〝私は〟本当に楽しみにしていたから残念だわ……」と**〝私〟の希望を伝える**のです。

すると、よりこちらが期待していたことが相手に伝わり、反省して、この埋め合わせをしようと頑張ってくれるはずです。

何も話さず、こちらの希望を察してという態度も良くありません。やはり人とのコミュニケーションでは言葉は大切です。相手に対して、**要望や希望があれば、きちんと言葉にして、促すことが大切**です。コミュニケーションを図ろうとしなければ、ムダな軋轢を生むだけです。

ただし、伝え方や話し方には気を配る必要があるので、あなたの思いがより相手に伝わるようなテクニックを使っていくことが大人のコミュニケーションには必要とされることなのです。

極意
57

相手が気分を害さぬよう、問題になっている行動だけを指摘

いくら相手が悪いからといって、それをそのまま指摘すると、怒り出すような相手もいます。あるいは、**ネガティブな指摘をすると、自分を守ろうとして、話をまったく聞き入れてくれなくなる**こともあります。

注意をしたり、問題を指摘するのは、思いのほか難しいことなのです。きちんとこちらの思いを伝えるためには、話し方や伝え方が重要なのです。

例えば、遅刻をした部下に注意するとします。本人も反省していますが、こんなときに「遅刻するなんて、けしからん。そうやって時間にルーズだから、仕事ができないんだぞ」と、怒りのあまりに遅刻したことだけではなく、**相手の人格まで批判してしまう**

と、遅刻の話ではなく、勤務態度の問題になってしまいます。

勢い余って、そのような批判をしてしまう上司や先輩も意外と多いのではないでしょうか？

すると、遅刻した部下は、「遅刻したことは反省しているけれど、仕事のことは言われたくない」と反発して、素直に話を聞くことができなくなってしまいます。あくまで注意して改善してもらいたいのは、遅刻に関することです。

そのため、このようなケースでは、**問題になっている行動にだけ注目する**のです。いきなり他人の性格を改善することはできませんが、行動を改めさせることはできます。

相手がきちんと自分で改善してくれることを信じて「遅刻は困るので、何とか協力してくれないか？」と諭すことが肝心なのです。

あくまで目の前で起こっている行動を問題視して、それを改善させるよう話すことがポイントです。

Lesson 07

こんなときは
どう対処したらいいの？
好感度があがる
聞き方＆話し方

聞く技術　話す技術

こんなときはどうするの?

部下が会社をやめたいと言って来た

ある日、部下が「会社を辞めたい」と言ってきたとします。そんなとき、もしあなたが上司だったとしたら、どんな風に部下と話をしますか? 部下が辞めたいと思った理由によっては、上司としての管理責任やマネジメント能力が問われます。しっかりと部下の話を聞き、引き止める用意をしておくことも必要です。

でも、辞めたいと言っている部下をどうすれば、思いとどまらせることができるのでしょうか?

こんなときはまず一度、「**上司と部下という関係を抜きに話を聞きたい**」と伝えて、話を聞かせてもらう場を設けることが先決です。会社を辞めたいというからには、それなりの理由があるはずです。

それを聞き出すためには、上司と部下という関係が邪魔になります。しかも、辞めたいと思っている人間にとって、上司は会社側の人間。「どうせ引き止めるつもりでしょ?」と警戒しているこ とでしょう。そんな精神状態では、本音で語ってくれない可能性もあります。そこで上司と部下という関係ではなく、ひとりの人間として話を聞きたいと部下に伝えるわけです。

もし、話したくないと言われても、「立場上、本当は引き止めないといけないんだけど、君の話を聞くことのほうが大切だから!」と、引き止めるつもりはないことを改めて伝えれば、安心して来てくれると思います。

このとき、**できるだけ先入観を排除して話を聞いてあげることが大切**です。もちろんアドバイスや説教は厳禁。何も語ってくれなくなるだけです。

ここまで上司が聞く姿勢を見せていれば、少しは話す気になっていると思います。

あとは聞き役に徹します。

こんなときはどうするの？

会社とは関係ない理由で辞めるというのなら、引き止めるのは難しいですが、もしも会社の待遇や人間関係が理由だったとしたら、その場の対応いかんによっては思いとどまってくれる可能性もあります。

給料が安い。休みが少ない。人間関係に嫌気がさした。仕事がつまらない。将来が不安などなど、もし会社に対して不満に思っていることがあれば、この際だからと、すべて話してくれるでしょう。

不満をひと通り聞いたあと、**ダメな上司の場合「会社として君がいないと困る」などと言ってしまう**のです。会社を辞めたいと思っている人間に、会社の都合を押し付けても聞いてくれるはずがありません。すでに会社への愛着がなくなっているわけですから。

それよりも、不満をたくさん語ってくれたことを逆手に取って、「そんなにも会社のことについて真剣に考えてくれていたのか？　全然、気がつかなくてごめんな。でも、そんなにも頑張ってくれている人が辞めてしまうなんて、残念だな……」と、**優**

秀な人材がいなくなってしまうことを嘆いたほうが効果はあります。

給料が安いとか、休みが少ないとか、もっとやりたいことがあるとか、いろいろな不平不満を並べていたとしても、会社で正当に評価されていないという不満から辞めたいと思うようになったケースが多いからです。こんなに俺は一生懸命働いているのに、どうして要領が良いだけのあいつよりも給料が安いんだ！と、不満がたまっているわけです。不満の原因をたどっていくと、実は存在を認めてほしかったという心の叫びに行き着くことがよくあるのです。

だから、「君という優秀な人材を失うのが、もったいないと個人的に思うんだよ」とか、「今日、いろいろと話を聞かせてもらって、会社のことを本当によく考えてくれていたんだなってことがわかったよ」などと、部下の存在を改めて認めてあげるような発言をすれば、辞めたかった気持ちにも変化があらわれて、自然と気持ちが変わる可能性があるのです。

こんなときはどうするの?

自分のミスで得意先が激怒!口も聞いてくれない

あなたのミスが原因で、取引先の人を怒らせてしまった。しかも、口も聞いてくれないくらい、機嫌を損ねている……。仕事をしていると、ときにはそんなこともあります。では、このような怒り心頭の相手に対しては、どのように話しかけて、関係を改善すれば良いのでしょうか?

まずは徹底的に謝罪することが肝心です。なぜ、相手が怒っているのか、わからなかったとしても、とにかくお詫びに行くのです。こちらにまったく身に覚えない、あるいは完全に誤解だったとしても、不愉快な思いをさせてしまったことは事実です。相手が会いたくないと言っていたとしても、どうしてもお詫びさせてほしいと直接謝罪する機会を設けるのです。すると、それだけで相手の怒りがトーンダウンするケースが多いのです。

怒らないと気が済まない人や、体裁を気にして怒っているそぶりを見せているだけの人、寂しくて構ってほしいから、それを怒りで表現している人もいます。そんな人たちは一度謝りに行けば、簡単に許してくれたりするものです。激怒していると聞いておそるおそる訪ねると、笑顔で「お茶でも飲んで行きなさい」と言ってくるような人もいます。

相手が怒っていると聞くと、こちらも身構えてしまい、会いに行きたくないと思いがちです。でも、足が遠のき、時間が経ってしまうと、余計に怒りを買ってしまうのです。できるだけすぐに直接謝罪に行くべきです。そして徹底的に謝って、**自分は害があるような人間ではないことを示しましょう**。

もし、どうしても相手が会ってくれない場合には、上司など責任者に一度、事情を尋ねてきてもらいましょう。

こんなときはどうするの？

何があってそんなに怒っているのか？

こちらにどんな不手際があったのか？

その後、上司と一緒に再度、謝罪に行くというのが、良いと思います。すぐに謝罪に行くべきではありますが、上司が仲介役になって、少し間をおくことで相手も冷静になる時間ができます。すると、謝罪の気持ちを受け入れる心の余裕ができるわけです。

ただ、謝罪に訪れた際には、「許してください」と、**相手に許しを請うようなマネをしてはいけません**。不愉快な思いをさせておきながら、さらに〝許し〟まで要求するのかと、かえって怒らせてしまう可能性もあります。とにかくお詫びに参りましたという態度で臨みましょう。

また、相手が怒っているとわかったら、怖くなって、身構えてしまう人もいます。それではきちんと謝ることができず、相手をさらに怒らせてしまいます。

そんなときは、**怒っている人というのは、実は何かに困っている人**なのだと考えるようにするのです。思い通りにいかないことがあり、困っているから、怒っているのです。

そんな風に考えると、必要以上に恐れを感じることなく、「何かお役に立てるようなことはありませんか？」と自然な態度で、怒る相手と向き合うことができます。

人は自分のことを尊重してくれない、ないがしろにされていると感じるときにも怒ります。一方、例えば女性の機嫌をとるのがうまい男性というのは、日頃から髪型を褒めたり、洋服を褒めたりしています。褒めることでさりげなく女性の存在を認めてあげているわけです。

相手が怒ってからの対応も重要ですが、日頃から相手の存在を認めるような振る舞いをしておくと、ミスをしても許してくれたり、怒ったときもすぐに怒りが収まるケースが多いのです。

こんなときはどうするの？

彼女や妻が怒っている…。でも、怒っている理由を教えてくれない

怒った相手と話をしなければいけない状況に陥ることは、もちろんプライベートでもありますが、例えばこんなケースはないでしょうか？　恋人や妻が怒っているけれど、どうして怒っているのか、その理由がわからない、教えてくれない……というようなケースです。

明らかにいつもと態度が異なり、機嫌を損ねている様子なのに、何を尋ねても「別に怒ってないわよ！」とか、「自分の胸に手をあてて考えてみればいいでしょ……」などと素っ気なく言われてしまうだけ。

その結果、男性には怒りの理由がわからずに、関係が悪化してしまいます。男性か

ら見れば少々理不尽な展開ですが、そんな経験をしたことがあるという人も、きっと多いのではないでしょうか？

このようなときはどんな風に会話を展開すれば、女性が怒っている理由を教えてくれて、解決に導けるのでしょうか？

とにかく謝るという点は共通していますが、ビジネスでの謝罪と、プライベートでの謝罪では、事情が違うところもあります。プライドや面子、そして利害関係が絡むビジネスとは異なり、**プライベートの関係は愛情がベース**になっています。

愛情によって関係が成立しているため、きちんと相手と向き合って、**怒っていることに気がついてあげること**です。そして誠意を持って対応する姿勢を見せることができさえすれば、女性の怒りは収まっていき、解決に向かうケースがほとんどです。重要なのは利害ではなく関係性であり、日頃の不満が解消されれば、それで満足してくれます。

反対に**やってはいけない行動は、自己を正当化してしまうこと**です。相手の立場や

こんなときはどうするの？

気持ちに配慮せずに、こちらの事情や言い訳ばかりをしていると、余計に怒らせてしまうことになるでしょう。「怒るのはわかるけれど、こちらにも事情があったんだから、しょうがないじゃないか！」と怒りに対抗しようとすると、話はこじれて収束させることが難しくなっていきます。反論したくなる気持ちもわかりますが、得策ではないでしょう。

女性が男性に対して強く怒りを感じるのは、男性が気持ちを理解してくれないとき、あるいは理解しようとさえしてくれないときが多いと言えます。したがって、女性の気持ちを理解しようとせず、まったく関係がない言い訳や弁明を男性がしはじめると、怒りに火がつきます。

もし、どうしても怒っている理由がわからないのなら、「どうしてそんなに怒っているの？　理由を知って改善したいけれど鈍感な僕にはわからないから、教えてくれない？」と率直に話して、あくまで自分が悪いことを伝えると、教えてくれます。誠意が伝わるかどうかが、大事なポイントです。

男性の場合には、プライドや面子などを傷つけられたときに、怒るケースが多いと言えます。したがって、怒りを鎮めるためには、面子をどうやって回復するのか？プライドをどうやって癒してあげるのかを考えてあげることが、大切になってきます。ときにはみんなの前で謝罪することも必要になるかもしれません。

女性でも面子をつぶされて怒るケースはありますが、男性よりはずっと少ないと言えます。また、面子をつぶされたとしても事情がわかれば許してくれる女性は多いものです。

自分が信頼されて詳しい事情を打ち明けられた、ということで、関係性が満たされるからです。

こんなときはどうするの？

親が悩みを抱えている様子。でも子どもの自分には話してくれない

続いては親子のコミュニケーションに関するトラブルです。親が悩みやトラブルを抱えているのに、子どもである自分に打ち明けようとしてくれない。そんなことがあったとしましょう。果たして、こういうときに効果的な対処法はあるのでしょうか？親から悩みを引き出すことができる話の聞き方やコミュニケーションの取り方について、少し考えてみましょう。

親はいくつになっても、なかなか我が子には悩みを打ち明けようとはしてくれないものです。親がまだ若く、経済力もあり、自分で解決できる能力や気力があるうちは、それでも問題はないと言えますが、高齢になってくると、上手く丸め込まれた結果、

だまされてしまうようなことも考えられます。

同居しているなら、すぐに話し合いができますし、もしトラブルに遭遇しているのなら、自分が応対に出て行くこともできます。しかし、離れて暮らしていると、そうはいきません。

悩んでいるだけならまだしも、何かトラブルに巻き込まれていると、すぐに動けないことも多く、子どもとしては気が気ではないでしょう。

そもそも親がなぜ子どもに悩みを打ち明けないかというと、**親は子どもには負担を押し付けるべきではないという考え方がある**からです。一種のプライドのようなものなのかもしれません。

しかし、最近は詐欺など財産や金銭的な問題が絡むことが非常に多くあります。自分の親に限ってそんなことはないと思っていると、思わぬトラブルに見舞われてしまうことがあります。親の悩みだから親が自分で解決するだろうなどと、簡単に片付けることはできないのです。

こんなときはどうするの？

では、どうやって対処すれば良いのでしょうか？

こんなときは、まず**それまでの親子関係に変化を加える**必要があります。親というのはいつまでも我が子を子ども扱いする傾向にあります。いくつになっても親子の関係性が変わらず、親が子どもを守るべきだと考えています。だから、子どもに弱みは見せられないと思うのです。

この関係に変化を加えるためには、親に大人扱いしてもらうことが必要です。例えば、

「自分ももう大人になって、これでも意外と社会経験を積んでるんだよ。昔から比べるといろいろと変わってきたこともあるし、用件によってはお母さんよりも上手く対応できることもあると思うんだ。だから、もし何か抱えているんだとしたら、正直に話してみてほしいんだよね。

職場ではこう見えても、有能だといわれているんだよ。部下だってもう何人もいるし。だから、こういう相談にはいつも乗っているんだから」

といった具合に、**もう立派な社会人として成長していて、保護すべき子どもではないというところを見せていく**わけです。

もし自分が打ち明けたら、子どもが困ってしまう、動揺してしまうといった危惧が親にはあるわけです。それは親の優しさなのですが、問題が深刻になってからでは遅いのです。

だから**自分の方がいまは社会に触れている、問題を解決する能力がある**というところを見せてあげると、親も安心してくれるようになっていきます。すると、自分の手にある問題だと思えば、親だって打ち明けてくれると思います。

親子の関係に変化を与え、もう子どもじゃないんだよと示しながら、ゆっくりと諭していくことがポイントです。

こんなときはどうするの？

ひょっとしていじめられてる!?子どもが素直に話してくれない

先ほどは親とのコミュニケーションについて話しましたが、今度は反対に子どもとのコミュニケーションについてです。

ある日、子どもが学校から帰宅すると、軽いケガをしていたとしましょう。「どうしたの？　何があったの？」と尋ねても、子どもは「別に何もないよ。転んだだけだよ」と言うだけ。そんなことがあると、親は心配して学校でひょっとしたら何かあったのかもしれない……。親には言えないと誤魔化しているだけに違いない。などと、自分の身に降りかかったことではないだけに、一度気にしはじめると、悪いほうに悪いほうにと、物事を考えてしまいがちです。

かといって、子どもは「転んだだけ」の一点張り。本当に転んだだけだったとしても、親はもっと詳しく話してほしいと思うでしょう。

では、こんなときどう子どもと会話をしていけば良いのでしょうか？

いきなり話の腰を折るようですが、**小さな子どもは自分の気持ちや状況を上手に説明することができません**。感情を言葉にして表現することがまだ苦手なのです。したがって、〝気持ちを聞く〟ことにとらわれるのは間違いです。**子どもの気持ちを知りたいと思ったら、親は子どもの行動などから想像するしかありません**。

むしろ、親が子どもに対して

「○○ちゃん、本当は学校で何かあったんでしょ？　大丈夫だから、お母さんに話してごらん！」

などと言いながら、迫ってきたとしたら、恐怖を感じるだけです。いつもと違う様子のお母さんを敏感に察知して、怖いと感じてしまいます。

こんなときはどうするの？

話を聞き出そうとする代わりに、一緒に遊んだり、楽しい時間を過ごさせることで、普段通りの一日を送らせてあげます。子どもが大好きな遊びをやってあげたり、どこかに遊びにいったりと、子どもと一緒にリラックスできるような時間の使い方をするわけです。そして、一緒に過ごしながら、様子を観察していきます。

大人の場合、何か嫌なことがあったら、誰かに話してストレスを発散することができますが、**子どもの場合、あまり悩みをこねくり回したりしません。その場の気分で生きています。**悲しいことがあれば悲しいと感じますが、次に楽しいことがあれば、すぐに楽しい気分になる、そんな生き物です。

例えば、地震や台風など、災害で被災した子どもたちには、怖かった体験を話させるのではなく、いつもと同じように遊ばせたり、いつもと同じパジャマだったり、同じ時間に歯磨きをしたり、**普段と変わらない生活サイクルを取り戻させることが、心の傷から回復するためにとても重要なケアとなります。**

親を亡くしてしまった子どもには、「ママはどういう風に歯磨きをしてたの？」など尋ねて、それと同じようにやってあげることが心を安定させるために最も重要なことのひとつです。

子どもは気持ちを切り替える天才なんです。悩みをいつまでも引きずったり、あとで振り返って自分の行動を評価したりしません。子どもたちも友だちと喧嘩しますが、**相手の性格が嫌という評価を下すようになるのは、ある程度大きくなってから**です。

幼いころは嫌なことをされれば喧嘩になり、それが終われば全て水に流されます。何かを取られた、返してくれない、ということが引き金となって喧嘩しますが、返してくれれば、次の瞬間にはまたニコニコ一緒に遊んでいるのです。

だから、子どもが落ち込んでいても、その場でいい気分にさせてあげれば、それでおしまいといったケースが多いのです。**小さな子どもに気持ちを尋ねてもあまり意味がない**のは、そういった理由からです。もしも、どうしても何があったのか知りたければ、先生や他の大人から事情聴取すればいいのです。

こんなときはどうするの？

何を聞いても「うざっ！」。思春期の気持ちを聞き出したい

小さな子どもは自分の感情を言葉で説明するのが苦手。しかも、その場の感情で生きているので、何があったのか問いつめてもあまり意味がない。そして、切り替えの天才であるというお話をしました。

ただこれは子どもがまだ小さいころの話で小学校高学年、いわゆる思春期になったら、接し方を変えていく必要があります。

子どもなりに人間関係に悩むようになり、トラブルを引きずるようになるからです。**「自己」という意識が出てくるため、人からどう見られるかということも気にするようになり**ます。周りの子たちもそれぞれ複雑になってきます。

大人へのステップだとも言えるので、それ自体、問題はないのですが、まだまだ感情をコントロールするのが苦手なため、ひとりでは解決できないケースも出てきます。ほうっておけば自分で解決する場合もありますが、やはり**親など周囲の大人のサポートも必要**です。

そうはいっても、ストレートに「何か悩みでもあるの？」などと聞いても、子どもたちは、大人の干渉をうっとうしく思うだけです。「うざっ！」と言ったきり、何も語ってくれないか、無視されてしまうのが、関の山でしょう。上手くコミュニケーションを図ることができません。

そんな思春期の難しい時期に差しかかった子どもには、いったいどう接すれば良いのでしょうか？　親にとっては、頭を悩ませる問題です。

思春期の彼らと上手に会話するポイントは、目線をあわせることです。目線をあわせるというのは、彼らを**子ども扱いするのではなく、ひとりの人間として尊重してあげる**ことです。彼らが言うことにも一理ある。そんな態度で子どもたちの意見や考え

こんなときはどうするの？


方を聞いていきます。

もちろん上から目線のアドバイスは厳禁です。大人には気がつかないこと、彼らにしかわからないことがきっとあるに違いないと考えることが大切です。大人から見れば態度が悪かったり、考えが未熟だとうつるかもしれません。

でも、**思春期というのは、そうやって自分なりに試行錯誤することに最大の意味がある時期です。**

「あなたの言うことももっともだと思うから、もうちょっと聞かせてくれない？」とか「あなたの意見に興味があるから、聞かせてくれない？」と話してみれば、きっと徐々に話をしてくれると思います。親の立場で話を聞くというよりも、友だちの悩みを聞くような態度で望むと良いでしょう。相手が安心するようにちょっとフランクな言葉遣いにしても良いと思います。

場合によっては、一緒になって悪口を言ってみるのも良いでしょう。

例えば、学校の先生に対して不満を持っているようなら、こちらのほうから「あの先生ってこういうところがあると思わない？　あれすごくイライラしちゃうんだけど、どう思う？」なんて聞くと、「そんなこと、みんな言ってるよ」と返事が戻ってくるのです。ここで、「そんなこと言うもんじゃない！」って言ってしまうと、普段の親子関係に逆戻りです。もうそれ以上のことを、話してくれなくなります。

ただもしも、それ以上話さなくなっても、思春期の子にそれ以上の説明を求めないほうが賢明でしょう。彼らも気持ちを上手く表現できないでいます。なぜなら、**いくつもの矛盾する感情があって、心のなかで葛藤しているから**です。上手く話せなかったとしても、当然なのです。それが思春期の子どもだと理解してあげれば、話も聞きやすくなると思います。

こんなときはどうするの？

彼女や妻に隠していた秘密を打ち明けるとき

彼女や妻に隠している秘密なんてひとつもないですよ。そんな関係を築くことができていれば、もちろん理想的なのですが、現実はそんなに上手くいかないものです。都合の悪いことがあれば誰だって隠したくなりますし、心配させたくないという思いから、相手のことを気遣って嘘をついてしまうこともあります。だますつもりはなかったのに、結果的にそうなってしまうこともあります。

しかし、重大な秘密をずっと隠したまま関係を続けていくわけにはいきません。罪悪感に堪えかねて、ある日、一大決心してその秘密を彼女や妻に打ち明けようと考えることもあります。

「実はお酒に酔って、大事にしていた思い出の指輪をなくしてしまった……」
「借金があって、首が回らなくなってしまった……」
「どうしても買いたいものがあって、衝動買いをしてしまった……」
「会社を首になった……」

いろいろな秘密や言いづらいことがあると思いますが、そんな告白をするときには、どのように打ち明けたら良いのでしょうか？　もちろんこれをすれば絶対に上手くいくという保証はありませんが、ひとつのコツがあります。

それは**打ち明ける前に予防線を張っておく**ことです。

いきなり衝撃的な告白をすると、当然相手は思いがけない内容にビックリしてしまいます。その衝撃が強すぎると、秘密にされていたという嫌悪感もあるため、その後に話す秘密の詳細をほとんど聞いてくれなくなってしまいます。

それでは謝罪しようと思っていても、謝罪どころではなくなります。怒って帰って行ってしまうこともあるでしょう。

こんなときはどうするの？

何を言っても、相手には言い訳に聞こえてしまうかもしれませんが、大切な相手だからこそ、自分の思いやそうなってしまった状況をきちんと説明しておきたいところです。

そこで、相手の衝撃を和らげるために、

「こんなことを話したら、ビックリすると思うんだけど……」

「怒るだろうなと思ってなかなか話せなかったんだけど……、やっぱり話した方が良いと思うから話すね」

「まさかこんなことになるとは思わなかったんだけど……、冷静に聞いてね」

といった言葉を使って、**前置きをしてから、秘密を告白する**のです。

すると、**急に打ち明けられるよりも相手も心の準備ができています**。心の準備をしてもらえれば、衝撃は少し和らぎます。

このような秘密の告白の仕方は、ビジネスでミスなどの悪い報告をしたり、気まずいことを話すときにも有効です。

「落ち着いて聞いてくれますか？」

「ちょっと良くない報告があります」

「至急、判断を仰ぎたいトラブルがあって……」

と、先に予防線を張ってから、報告をするわけです。秘密がないに越したことはありませんが、どうしても関係を続けたい相手に秘密を告白する場合には、試してみてはいかがでしょうか？

こんなときはどうするの？

告白してフラれても、今の関係を続けたいとき

仲が良い友だちのことが好きになってしまい、告白したいけれど、もし振られて、いまの関係が崩れるくらいなら、告白しないでおこうか……。そんな風に考えて告白を躊躇する人もいるでしょう。でも、振られても、いまの関係が続けられる告白の仕方はないのでしょうか？

告白の可能性を広げるために、少し考えてみることにしましょう。

「前からあなたのことが好きでした。付き合ってください」といった告白の仕方では、答えはだいたい「はい」か「いいえ」のどちらかになります。すると、もしダメだと言われてしまった場合には、それでもう友だち関係が終わってしまう可能性がありま

す。

でも、**告白前に予防線を張っておくことで、もし、振られてもそのままの関係性を続けていくことが可能に**なるかもしれません。告白後の選択肢を相手にあらかじめ提案しておくわけです。

「これから告白しようと思っているんだけど、君が答えたいように答えてくれていいんだよ。君との関係はこれからも大切にしていきたいと思っているし、このまま友だちのほうが良いなら、それも受け入れるからね」

などと、言ってから思いを告げるようにします。

相手の**告白を断ることは悪いこと、申し訳ないことだと相手に感じさせてしまうと、現在の関係に傷がついてしまいます**。でも、いままで友だちとして、良い関係を築いてこられたのなら、相手だってできれば、このまま友だちの関係でいたいと思っているはずです。

でも、振っておきながら、友だちでいようなんて言えば、図々しいヤツだと思われ

こんなときはどうするの?

る可能性もあります。だから、自分からはそんな提案をすることはできないのです。だったら、こちらからその選択肢をあらかじめ提示しておけば良いのです。

付き合ってくれるのか、それとも付き合ってくれないのか。その2択ではなく、このままの関係を続けるという3つ目の選択肢をこちらから挙げるわけです。

そして、「今から告白しようと思うんだけど、返事はどっちでも構わないから、これからも良い関係を続けてね」と、前置きをして、「好きです。付き合ってください」と言うわけです。

同じ会社に勤めている、同じ学校に通っている、そんな身近な相手に告白するなら、振られたあとも、顔をあわせる機会が多いことでしょう。すると、振られ方によってはとても気まずくなります。

「もちろん今の自分の希望としては、恋人になるのが最良だと思っているんだけど、もしかしたら、それはあくまでこちらの希望でしかないのかもしれない。もし、別の関係のほうが良ければ、それでも構わないんだけどな。あなたの意見を聞かせてもらえるかな？」

そんな**少々回りくどい告白ですが、振られた場合、お互いに傷つかないで済みます。**

「まだ恋人になるには、機が熟していないのか……。だったら、また5年後ぐらいにご提案させてもらうよ」などと言って、リベンジのときを待つのもいいかもしれません。

その間、ずっと友だちとして相手のことを支えてあげるわけです。すると、彼女の気持ちが徐々にあなたに傾いてくるかもしれません。そんなに安心して何でも話せる男性はいないのですから。いつも自分を見守ってくれている人。そんなポジションを獲得することで、**いつの日か、関係が進展するのを待つという告白の仕方でもある**のです。

こんなときはどうするの？

もう恋人と別れたいけど、相手がストーカーにならないか心配

「恋人への感情が冷めてしまった……」
「どうしても許せない欠点がある……」
「他に好きな人ができた……」
「仕事や勉強に集中したい……」

付き合っている恋人と別れるときには、様々な理由があります。率直にその思いを伝える人もいれば、自然に消滅する関係もありますが、もしも直接別れを切り出すなら、一番やってはいけないことがあります。それは、相手のプライドをむやみに傷つけるような別れ方をすることです。振られた恋人のプライドが高ければ、相手は傷つ

けられたプライドを取り戻すまで、あなたにつきまとうようになってしまうかもしれません。

ストーカーの多くは元恋人で、付き合っている頃から相手を支配しようとするタイプだと言われています。だから多くの場合、よりを戻すまで、ストーカーはストーキングを止めようとしないのです。プライドが癒され、ストーカーの支配欲が満たされるのは、もう一度二人が付き合ったときだけしかないからです。しかし、気持ちが離れてしまった相手とよりを戻すのは現実的ではありません。

では、もしプライドの高い相手と別れるとしたら、どのような方法で別れれば良いのでしょうか？　恋人がストーカーになってしまわないよう、できるだけスマートに別れを切り出したいところです。

「好きな人ができてしまったの」などと正直な気持ちを伝えても、きっと効果はないでしょう。「そいつはいったい誰なんだ！」と激高し、名前を挙げた人に危害が及んでしまうかもしれません。

こんなときはどうするの？

あるいは「もう嫌いになったから、別れてちょうだい」と言っても、応じようとしないはずです。嫌われるというのは、最もプライドが傷つくこと。その現実を受け入れるのは、ほとんど不可能に近いでしょう。

こんなとき、ひとつ方法があるとすれば、「あなたを嫌いになったわけではないけれど、**あなたの期待や気持ちに応えられない私は、そんな自分に耐えられない**」といったメッセージを出し続けていくことです。

嫌いになったから、別れるのではない。あなたは何も悪くない。理想的で素敵な人。でも、素敵だからこそ、あなたと一緒にいると、自分が惨めに思えてきてしまう。不釣り合いでダメな自分に耐えられないと、責任のすべてが私にあるというスタンスを取るわけです。

きっと彼は「そんなことは別に気にしないよ」と、言ってくると思います。それでも自分が悪い、そんな自分に耐えられないという姿勢を頑として崩さないようにするのです。

そして、いつかあなたの恋人としてふさわしい女性になりたいけれど、まだまだ私の成長が足りない。**いまの私は、あなたの彼女にふさわしくない。すべての原因は自分にあると言い続けていく**わけです。

これでは彼はどうすることもできません。ここが嫌いと言われれば、そこを直そうと努力できますが、自分のことが嫌いと言われたら、相手はどうすることもできません。お手上げです。そして、自然に彼の気持ちが冷めていくのを待つのです。

あなたは本当に非の打ちどころがなかったけれど、でも優しくしてもらえばもらうほど、**自分が本当にダメな人間だと思えてならない**。そんな思いを伝えれば、きっと上手に別れることができると思います。

こんなときはどうするの？

頼みごとをしたいときの効果的な話し方

何か大きな頼みごとをしたいときには、**最初に簡単な依頼をして、もしOKしてくれたら、次に本題の依頼をすると引き受けてもらえる可能性が高くなる**といった手法について聞くことがあります。しかし、この手法はビジネスシーンではあまり効果的ではないと言えます。ひとつの依頼で様子を見られたあと、大きな依頼をされても、手の内を隠していたように感じ、不誠実に映るからです。

また、個人的な関係においても、小さな頼み事のあと大きな依頼が来た、となると、「どこまで要求が増すのだろう」と不安を刺激し効果的でないことが多いです。

ただ、「小さな頼み事から大きなものへ」は、違う形で活用することができる考え方です。例えば妻が夫に家事などをやってもらいたいときに、「小さな頼み事から大きなものへ」はうまくいきます。やればできるのに家事に積極的ではない夫もいますが、そもそも家事が苦手な男性もいます。そんな男性に家事をやってもらいたいなら、**手軽なことをやらせて褒めて、自信を持たせていきます**。

例えば、醤油を取ってくれたら「本当やさしいわね」とか「助かった」などと言って褒めてあげます。すると、ちょっとやる気が出てくるので、次にもう一段上のことを頼んでみます。それをやってくれたら、再び「本当にありがとう。助かっちゃうな」などと褒めて、達成感を持たせてあげるようにします。その後も〝頼んで褒める〟を繰り返していくと、「しょうがないな……、やってあげるよ」と、いつしか家事を積極的にこなしてくれるようになります。

男性は褒められて、自尊心をくすぐられるのが、大好きです。存在を認める褒め方をしてほしい女性と異なり、努力を認められるとやる気が出るのです。愛する人のためにはよく頑張る生物だと言えます。

こんなときはどうするの？

断る。ミスを指摘する…。言い出しづらいことを伝えるとき

相手が気分を害してしまうとわかっていても、言いづらいことを伝えなければいけないときがあります。依頼を断る、ミスを指摘する、注意をする。ビジネスでもプライベートでもあり得ることですが、そんなときは、どんな話し方を心がければいいのでしょうか？

貸したお金を返してもらいたいときを例に考えてみましょう。

知人にお金を貸したのですが、一向に返してくれません。何度もそれとなく伝えたつもりですが、効果がありませんでした。タイミングがあわずに返せなかっただけだとは思うのですが、とはいっても、**催促しすぎて「お金にケチなヤツ」というレッテ**

ルを貼られるのも、避けたいところです。

そんなときはお金を返してほしいというメッセージを伝えつつ、ケチだと思わないでほしいという希望を率直に伝えると良いでしょう。

「今月はちょっと使いすぎちゃって、お金がピンチなんだよね。だから、こないだ貸したお金を返してくれると助かるんだけど……」

例えば、そんな風に話しをします。

相手も返す気がなかったわけではありません。少しタイミングがあわなかっただけです。でも、お金をまだ返していなかったという負い目があります。そんなときに懇願されると、何だか**お金を返すことで、相手を助けたような気分に**なるのです。

お金を借りていたのはこちらなのに、手助けをしたと感じることができるので、気分よくお金を返してくれる可能性が高いわけです。

夫に家事を手伝ってほしい…。でも、いつも口論になってしまう

夫に家事や家のことを手伝ってほしいだけなのに、お願いしているうちに、なぜかいつも口論になってしまう……。そんな人はひょっとすると「お願いの仕方」に問題があるのかもしれません。

困っていることがあり、事情を話して近くにいる夫に協力を依頼するのは良いと思うのですが、それが**相手への「要求」になってしまうと、とたんに協力を得にくくなります**。

「要求」というのは、相手の事情を考えず、こちらの一方的な願いを「やってくれ！」と強く命令するようなものです。そのため依頼された側にとっては、あまり気持ちが

良いものではありません。手が空いていたとしても、手伝ってあげようという気分にはならないのです。

夫婦など距離が近い関係の場合には、知らず知らずのうちに、**やってくれて当たり前といった感情が芽生えがち**です。すると、いつしか「お願い」が「要求」へと変わっていきます。そして、手伝ってくれなければ、お互いにストレスを抱えるようになります。

「どうして手が空いているのに、手伝ってくれないのか？」「こっちはせっかく寛いでいるのに、なんでやらないといけないの？　ひとりでもできるよね？」。

そんな風にお互いに反発しあう気持ちが生まれてくるのです。

相手にも断る自由があり、「これをしてくれるとありがたいんだけど……」などと、あくまで協力を依頼する姿勢でいることが、気持ちよく手伝ってもらうためのコツだと言えます。常に距離感を保って〝要求〟ではなく、〝依頼する〟ことを心がけることが大切なのです。

こんなときはどうするの？

嫌みばかり言ってくる先輩がいて、もううんざり…

何だかいつも嫌みばっかり言ってくる。トラブルがあるとすぐ首を突っ込んできて、アドバイスもしたがる。そんな鬱陶しい先輩もときにはいます。自分のアドバイスがきっと役に立つに違いないとでも思っているのかもしれません。

そんな相手にはどう対応すれば良いのでしょうか？

嫌みや押しつけがましいアドバイスというのは、こちらの現状を否定するものです。真に受けていると、当然、こちらが傷ついてしまいます。

「おせっかいなので、ほっといてください！」と、その先輩に直接言えれば、アドバイスがいかに人を傷つけるのか、教えてあげることができるので、それが一番良いのですが、現実には難しいと思います。

そんなときには、**相手からの嫌みやアドバイスは、あくまで相手の心の悲鳴だと考える**ようにするのです。

その人にとって耐えられない話題だったので、声をあげたくなっただけです。こちらのことを真剣に考え、親身になって言ってくれたアドバイスではありません。**ただただ自分が言わなければ気が済まなかっただけ**なのです。

そうやって冷静に受け流してしまえば、面倒だった先輩の存在も、あまり気にならなくなってきます。

ただ「心配してくれてありがとう」と言っておけば良いのです。相手のアドバイスを受け入れる必要もなければ、無神経なひと言にいちいち反応して、怒る必要もなくなってきます。

こんなときはどうするの？

上司や夫の小言に、イライラが止まらない

「ちょっとその服ダサいんじゃない？」「もっとオシャレな洋服を着たら？」「どうしてそんな簡単なこともできないんだ？」など、思ったことを何でも口に出してしまう人がいます。

そんな風に上から目線で人のことを評価してくる相手にはイライラさせられますが、そのようなときは、相手の話を受け流すことが一番です。**反論すれば、さらに過激に攻撃してくる**はずです。それでは、こちらが傷つくだけです。

受け流す際には、例えば「ふうん、そう思うんだ」「考えてみるね」といった言葉を使うと効果的です。

例えば、「もっとオシャレな洋服を着たほうがいいんじゃないの？　センス悪いわよ」などと言われたとします。

そんなときも「そんなことないよ！　かわいいじゃない」と反論するのではなく、**「へえ、そう思うんだ」とか「じゃあ、考えておくよ」と受け流す**ようにすれば、相手もそれ以上、評価してくることはないはずです。

反論しようとするから、相手もその言葉に反応するわけです。

反論せず、受け流す。そうすれば相手の意見にいちいち落ち込んだり、傷ついたりすることもありません。相手に悪気がないケースもあります。ただ思ったことがそのまま口をついて出てきてしまうだけなのかもしれません。

あまり深く考えず、適当に切り返しておけば、自然とその話題は終わっていると思います。

こんなときはどうするの？

愚痴を延々と聞かされてイライラ。どうしたら止められるの？

自分のことを話しやすい相手と評価してくれているからなのか、愚痴ばかり言ってくる人がいます。聞いているうちに、こちらもイライラしてくるので、できれば愚痴には付き合いたくありません。とはいえ、無視するわけにもいかない。

そんなときはどうすれば良いのでしょうか？

まずは愚痴の中身にとらわれず、**とにかく話を聞くことに集中する**のが、おすすめです。話の中身が愚痴だと思うから、聞くことが苦痛になるわけです。そこで話をただ聞くことに集中します。

質問したり、反論したり、アドバイスをしたり。あるいは話をまとめようとせず、とにかく話を聞くことに集中しましょう。

評価しない、アドバイスしないというのは話を聞くときの基本です。この基本に立ち返って話を聞けば、相手は気持ち良く話してくれます。愚痴を聞きたいわけじゃない。早く終わらせたいだけと反論する人もいると思いますが、**聞くことに集中すればむしろ相手の愚痴は早く終わる**のです。

早く終わらせようとして相手の話をまとめに入ったりアドバイスしたりすると、相手は「わかってくれていないのではないか」と不安になって、さらに話が長くなってしまうわけです。

ただ聞いているだけなら、相手の話が早く終わることが多いのです。さらに愚痴が言えてすっきりしたと、相手の満足感も高くなります。しかも、こちらに対する印象も良いまま。

これが愚痴を延々と聞かされたときの、一番良い解決法なのではないでしょうか？

おわりに

皆さん、本書はいかがでしたか？　一見すると当たり前と思えるような会話の基礎から応用編まで、会話にまつわるあらゆる極意やテクニック、コツを掲載いたしました。きっとビジネスやプライベートなど日常生活の様々な場所で役立てていただけると思います。

本書に書かれている方法論は、日々、患者の方と向き合い、カウンセリングを行っているプロたちに取材し、まとめたものばかりです。

いままでは会話することが苦手だった人も、きっとストレスを感じることなく、会話ができるようになると思います。

ただあくまで会話は人間関係の入り口です。大事なのは、どんな関係を築くかです。会話はそのための道具にすぎません。

本書が上司、同僚、部下、そして妻や夫、恋人や子どもなど、大切な人たちと良い関係を続けていくための一助になれば、幸いです。

マルコ社の本

『シールでつくるむかしばなし　ももたろう』

発　行	マルコ社	編　集	blst
発　売	サンクチュアリ出版	定　価	本体1200円＋税
対象年齢	0歳から5歳	ISBN	978-4-86113-671-9

『3歳までにやっておきたい育児法ベスト30』

発　行	マルコ社	編　集	マルコ社
発　売	サンクチュアリ出版	定　価	本体1350円＋税
頁　数	152P	ISBN	978-4-86113-672-6

マルコ社の本

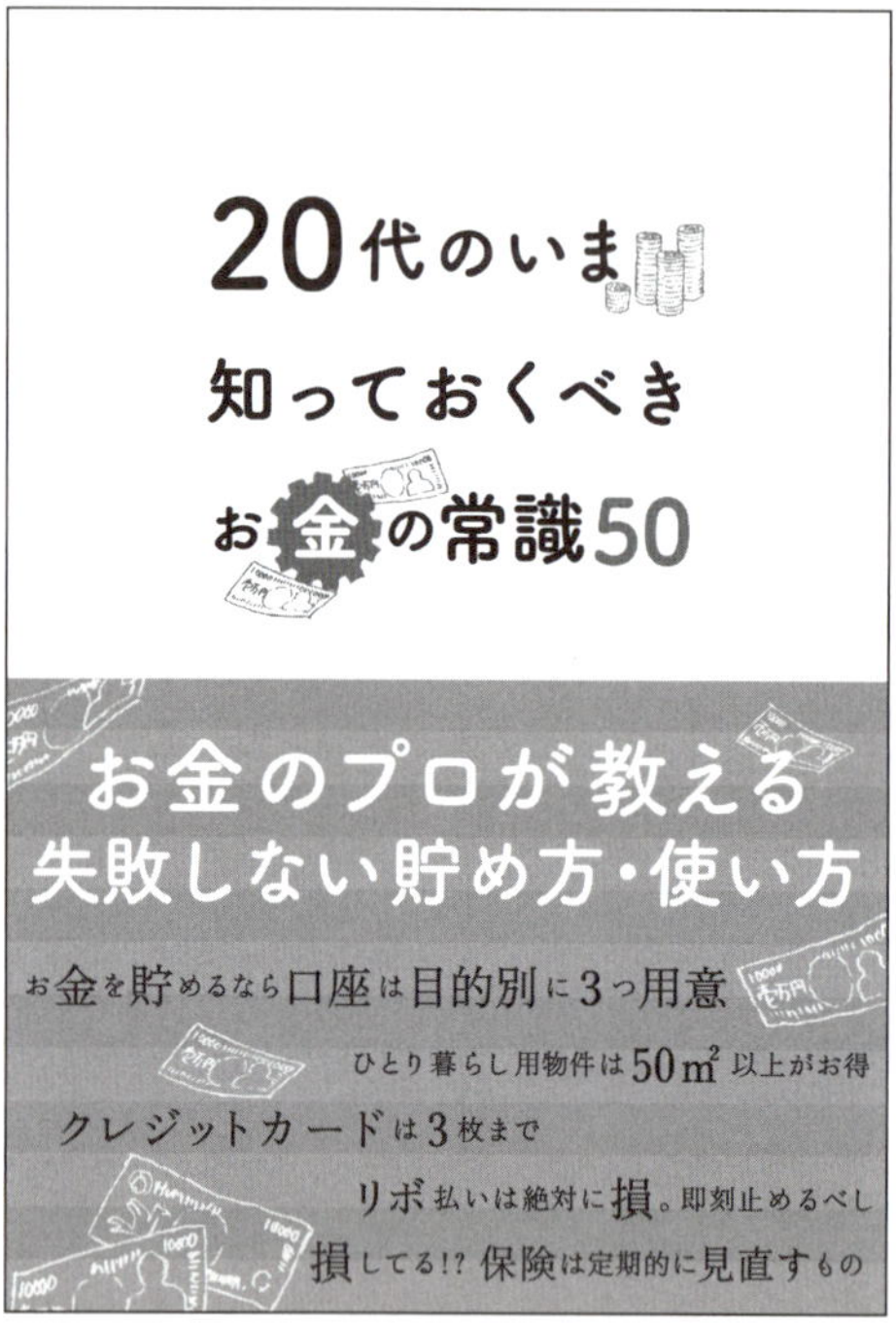

『20代のいま知っておくべきお金の常識50』

発行	マルコ社	編集	マルコ社
発売	サンクチュアリ出版	定価	本体1300円+税
頁数	224P	ISBN	978-4-86113-673-3

監修者

浮世 満理子

(株)アイディアヒューマンサポートサービス代表。プロスポーツ選手や芸能人、企業経営者などのメンタルトレーニングを行っているほか、心のケアの専門家の育成にも尽力している。著書に『プロカウンセラーのコミュニケーションが上手になる技術』(あさ出版)など多数。

水島 広子

精神科医。アティテューディナル・ヒーリング・ジャパン代表、対人関係療法専門クリニック院長。「対人関係療法」の日本における第一人者と言われている。気分障害、不安障害、摂食障害などが専門。著書に『「怒り」がスーッと消える本』(大和出版)など多数。http://www.hirokom.org/

諸富 祥彦

明治大学文学部教授。教育学博士。日本カウンセリング学会常任理事。臨床心理士、上級教育カウンセラー、学会認定カウンセラーなどの資格を持つ。著書に『人生を半分あきらめて生きる』(幻冬舎)など多数。http://morotomi.net/

プロカウンセラーの
聞く技術・話す技術

2012年 6 月30日　初版第 1 刷発行
2020年 5 月25日　　　　第22刷発行

編　集
マルコ社（MARCO BOOKS PTE.LTD）
執　筆
有限会社verb

デザイン
樋口幸子（lalagraph）

DTP
タクトシステム株式会社

発行者
梅中伸介

発行所
マルコ社（MARCO BOOKS PTE.LTD）
〒151-0053　東京都渋谷区代々木3-1-3 AXISビル5F
電　話：03-5309-2691　FAX：03-5309-2692
メール：info@marcosha.co.jp
http://www.marcosha.co.jp

発　売
サンクチュアリ出版
〒113-0023　東京都文京区向丘2-14-9
電　話：03-5834-2507　FAX：03-5834-2508

印刷・製本
萩原印刷株式会社

ISBN978-4-86113-674-0